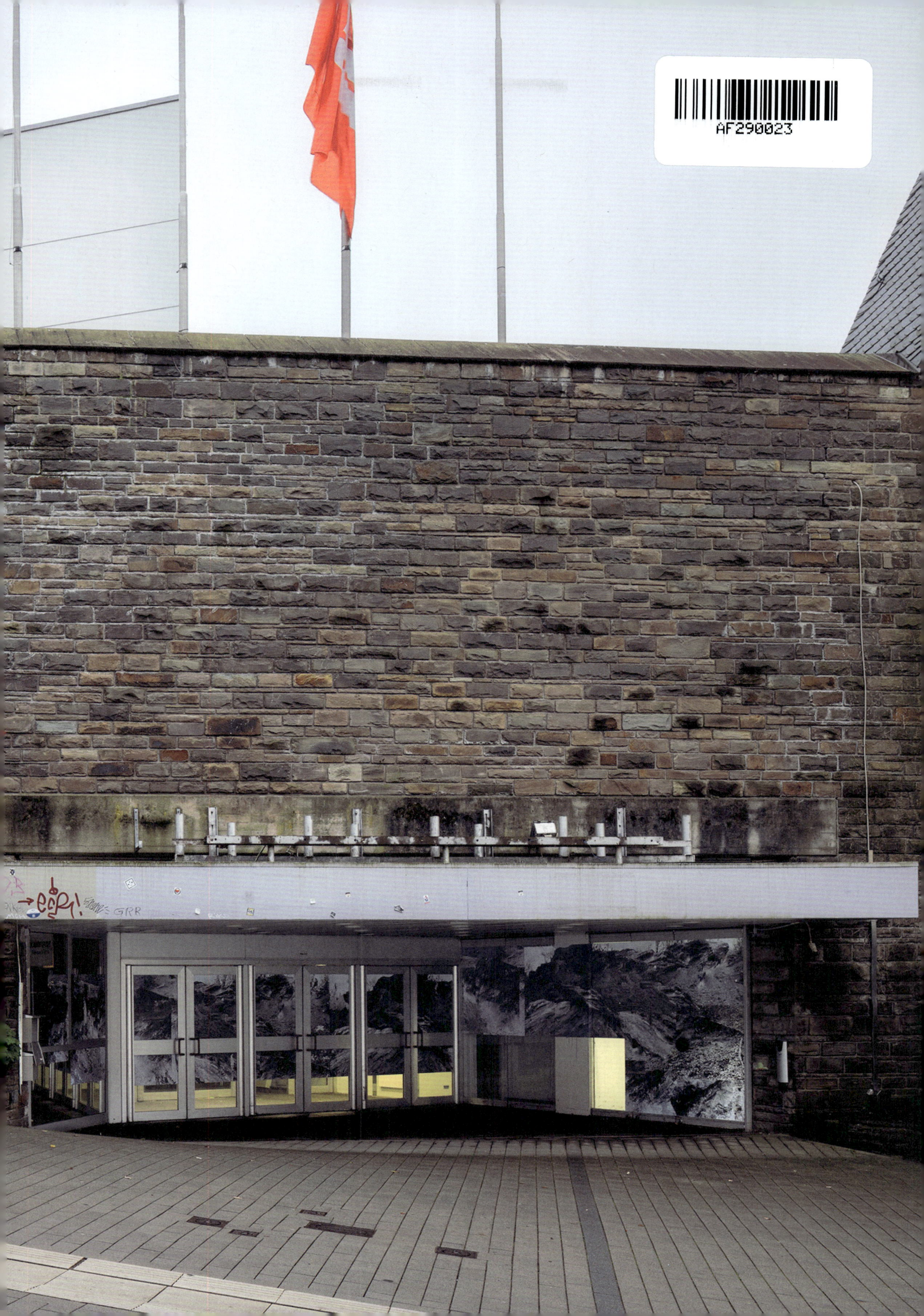
AF290023

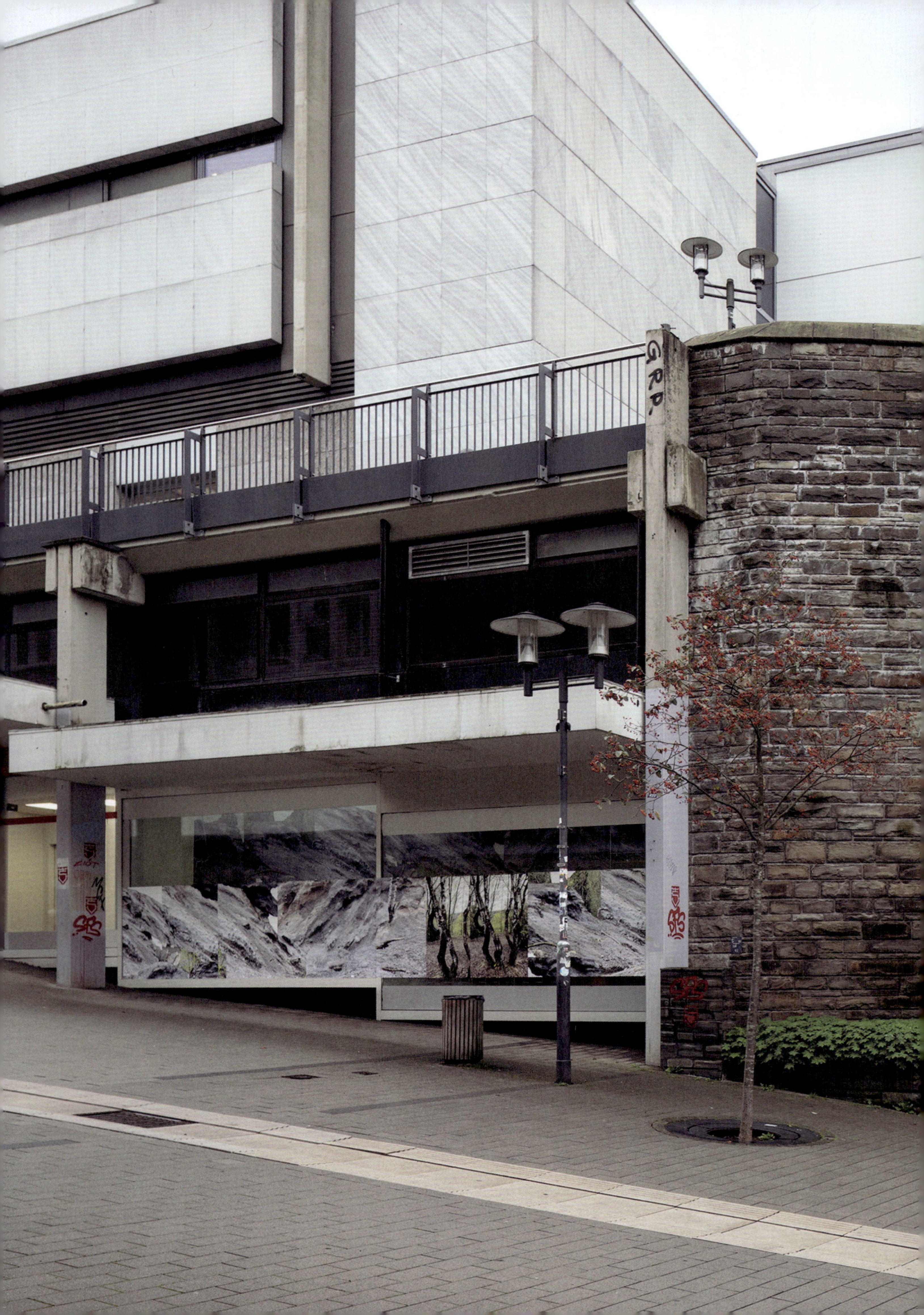

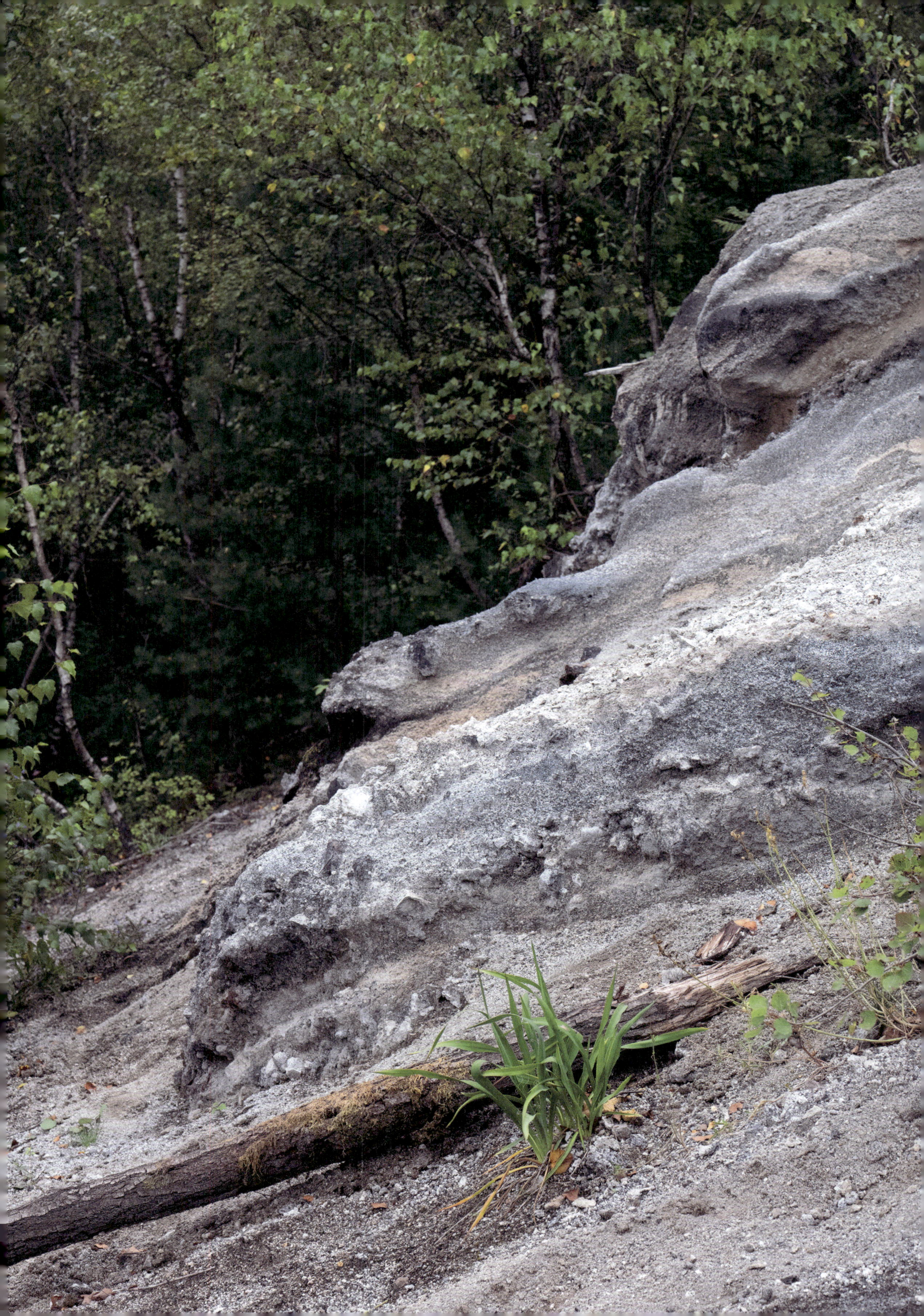

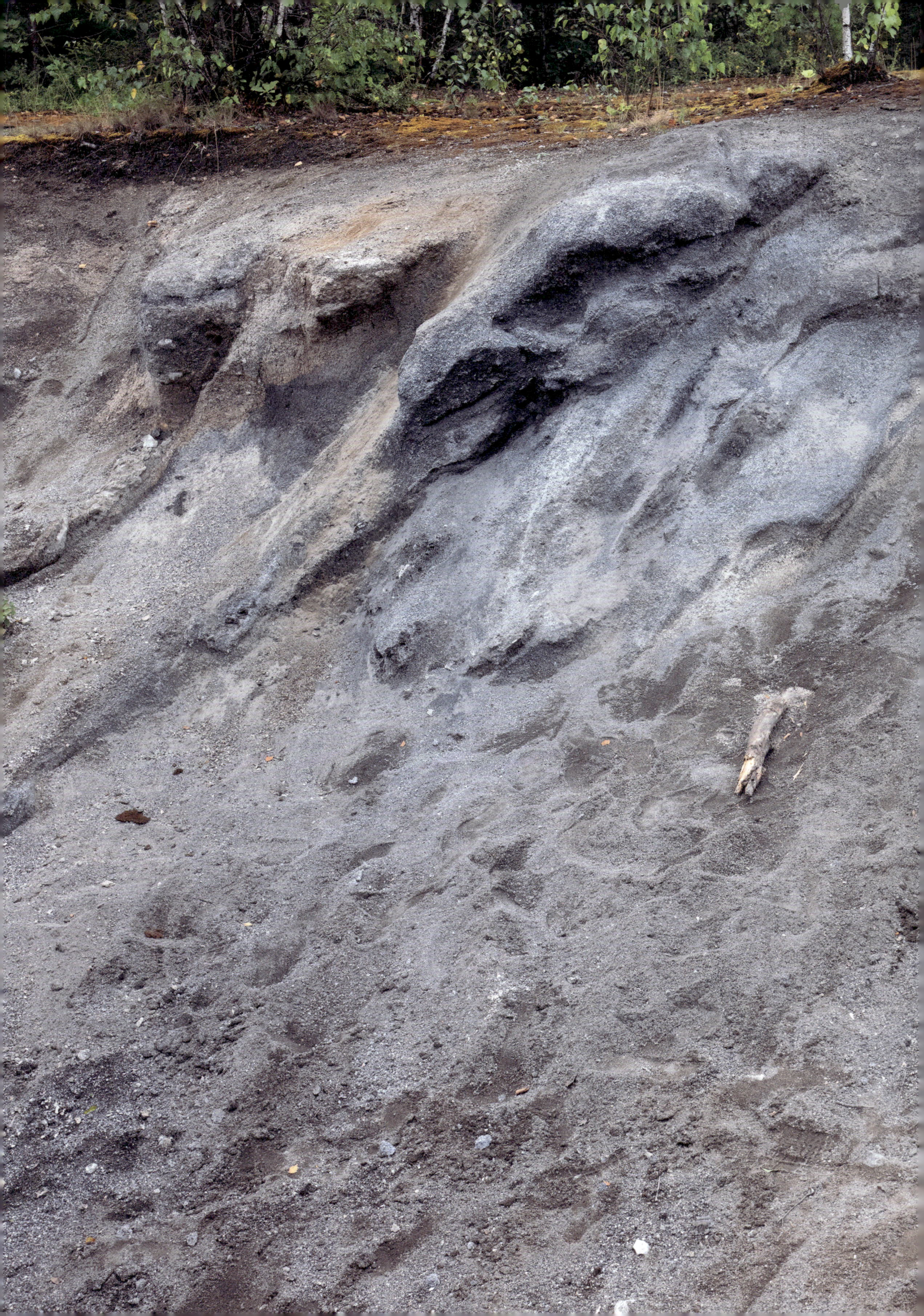

Hey Monte Schlacko,

Ich erfuhr dich in allen Wettern.
Im strömenden Regen,
tränken Tropfen metallurgischen Abraum
und wechselt der Natternkopf von Lila-grün zu Pechschwarz.
Unverkennbar überragst du das Stahlwerk.
Und während ich dies schreibe, formt sich dein wissender Sinn aus Schlacke,
wird selbst größer als deine Eigenart.
Es wundern sich die Moose, die deine karge Krone umschmeicheln, und ihre winzigen,
trompetenartigen Nachkommen beklagen:
„Wie sind wir hier gelandet?"

Hey Monte Schlacko,
I experienced you in all kinds of weather.
In pouring rain,
drops drench metallurgical spoil
as the Viper's Head turns from violet-green to pitch black.
Towering unmistakably over the steelworks, your knowing mind of slag now forms,
as I write, a progeny greater than yourself,
while the mosses caress your barren crown and their tiny trumpet-like offspring
together wonder and lament: "How did we end up here?"

Susanne Kriemann

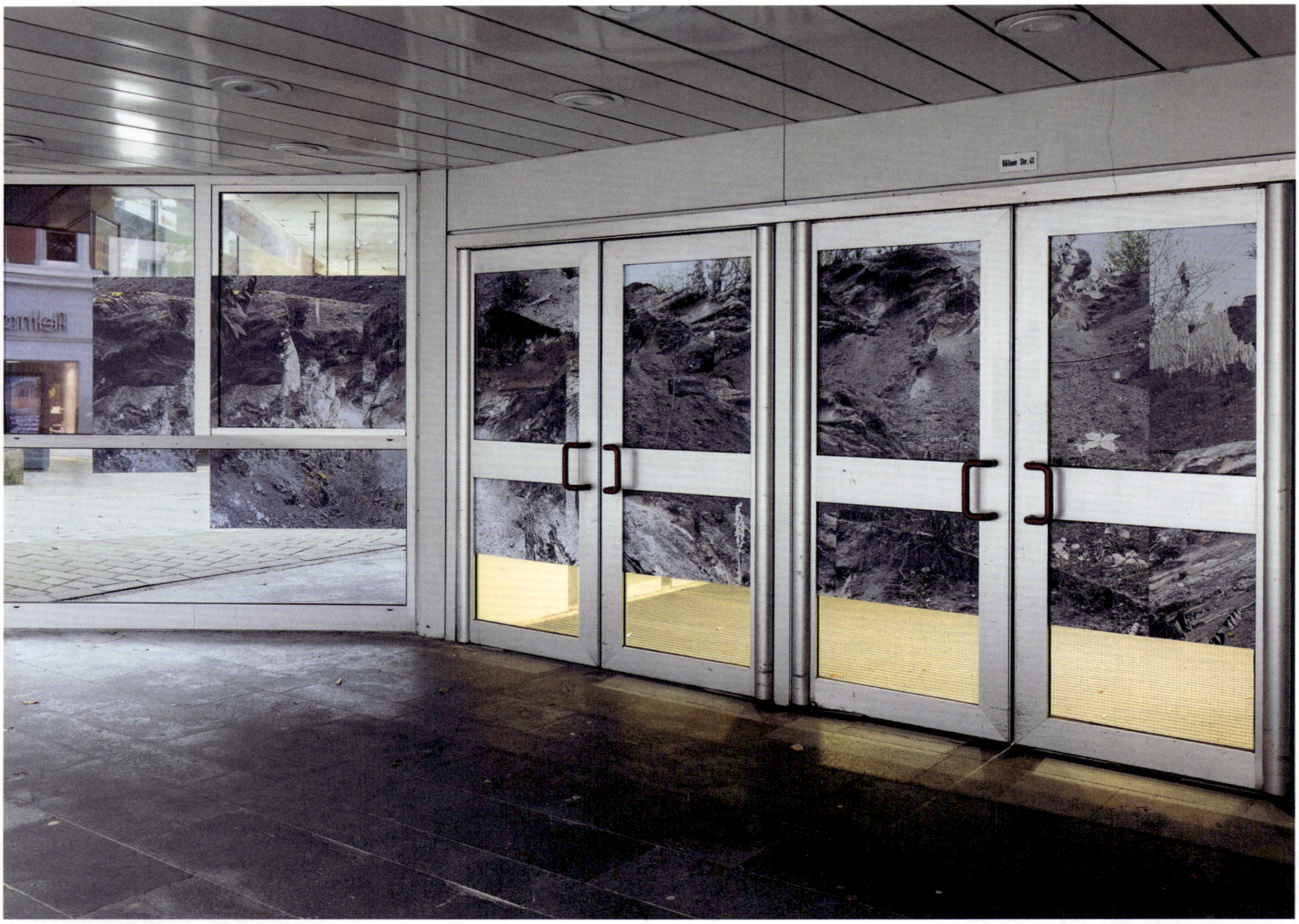

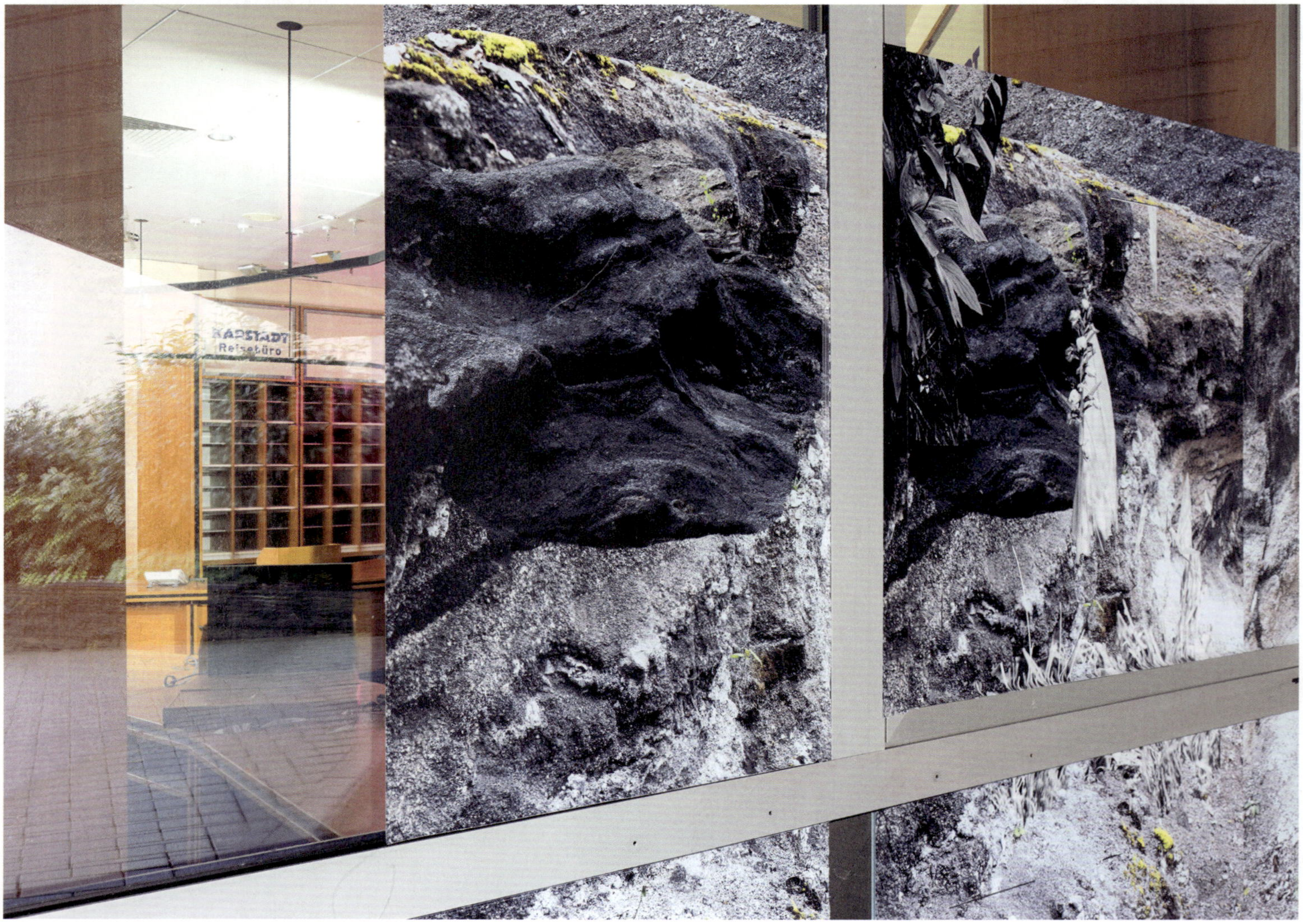

Kölner Str. 43
KAPSTADT
Reisebüro

Dear Slagorg

Lieber Slagorg,
erwärmt von der Sonne
wird deine kahle Stirn von Bienenwölfen durchlöchert.
Sie knabbern an dieser Epidermis, bewohnen sie,
eben wie Flechten, Moose und Unterholz es tun.
Winzige, von fleißigen Insekten gegrabene Löcher, Spalten und Falten
sind die Orte, an welchen sich im Frühling neue haarige Sporen und Samen ansiedeln.
Während ich im Wind über deine karge Schlacke krieche, frage ich mich:
"Wo sind die wandernden Geißen und Rehe, die diesen Hügel beweiden?"

Warmed by the sun,
your bald forehead is pocked by beewolves,
burying into and inhabiting this epidermis,
as do lichen, mosses and underbrush.
Tiny holes, dug by busy insects, crevices, and wrinkles
are where in springtime new hairy spores and seeds settle.
As I creep over your barren slag in the wind, I wonder
where are the wandering goats and deer of this mountain?

Susanne Kriemann

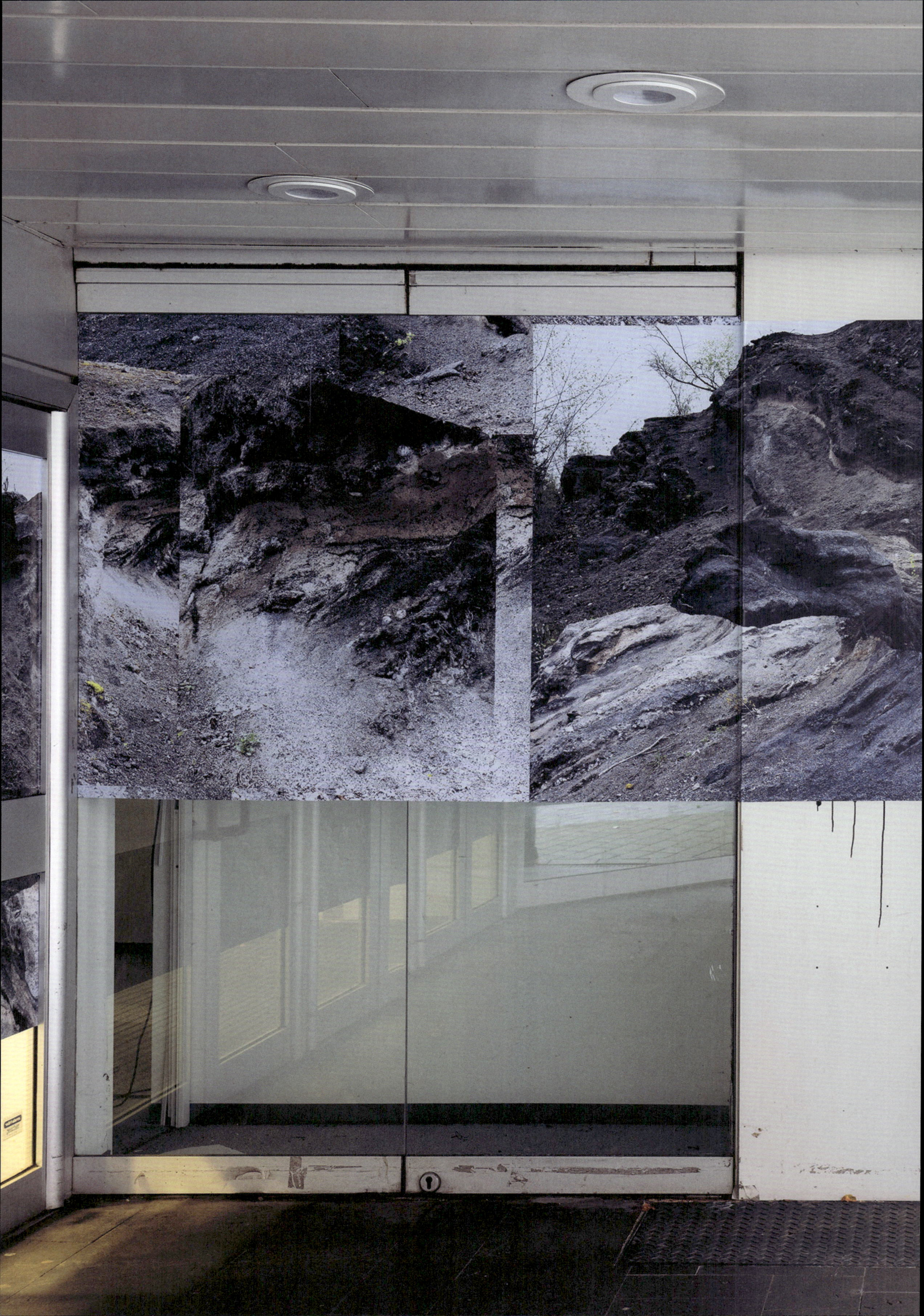

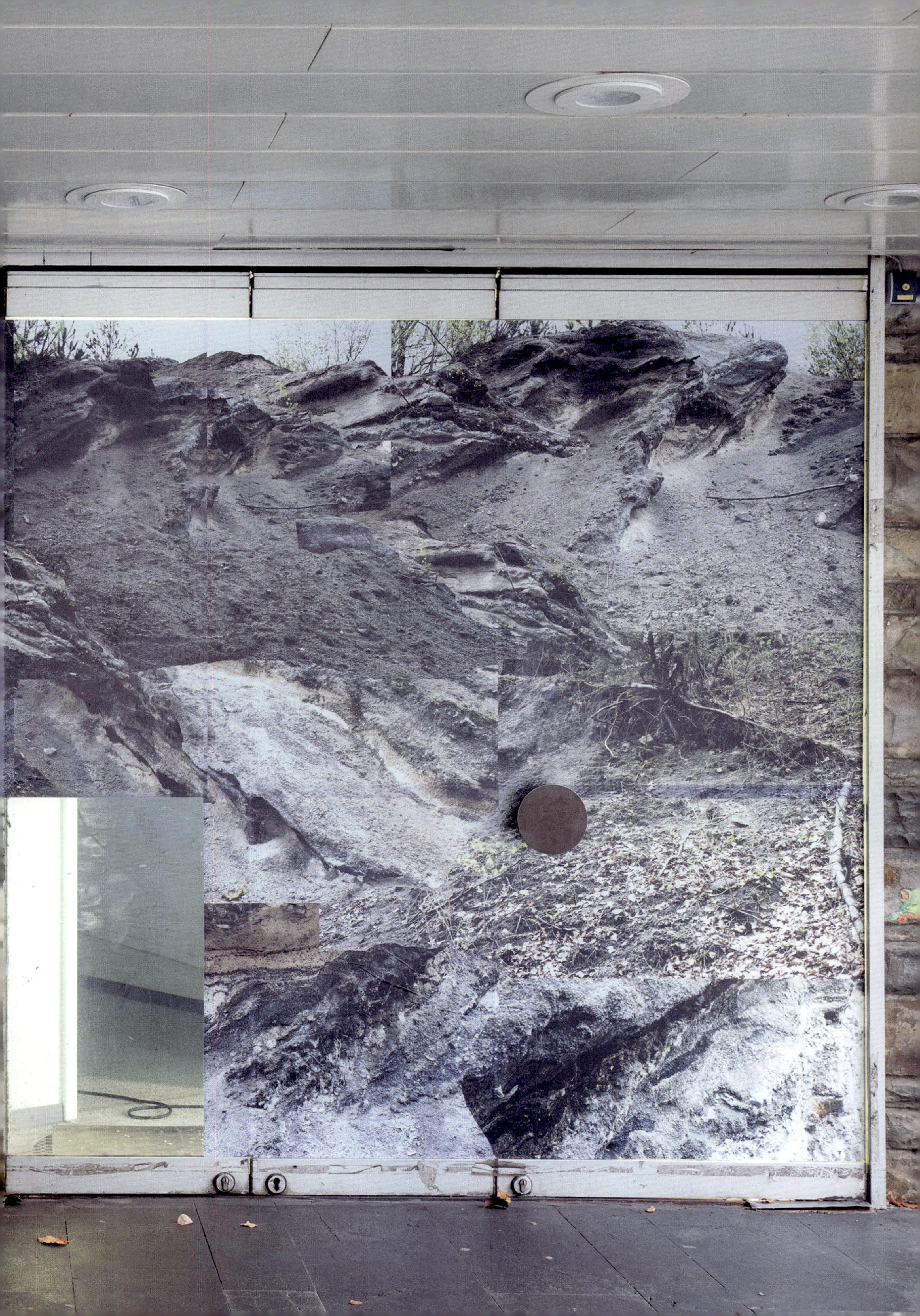

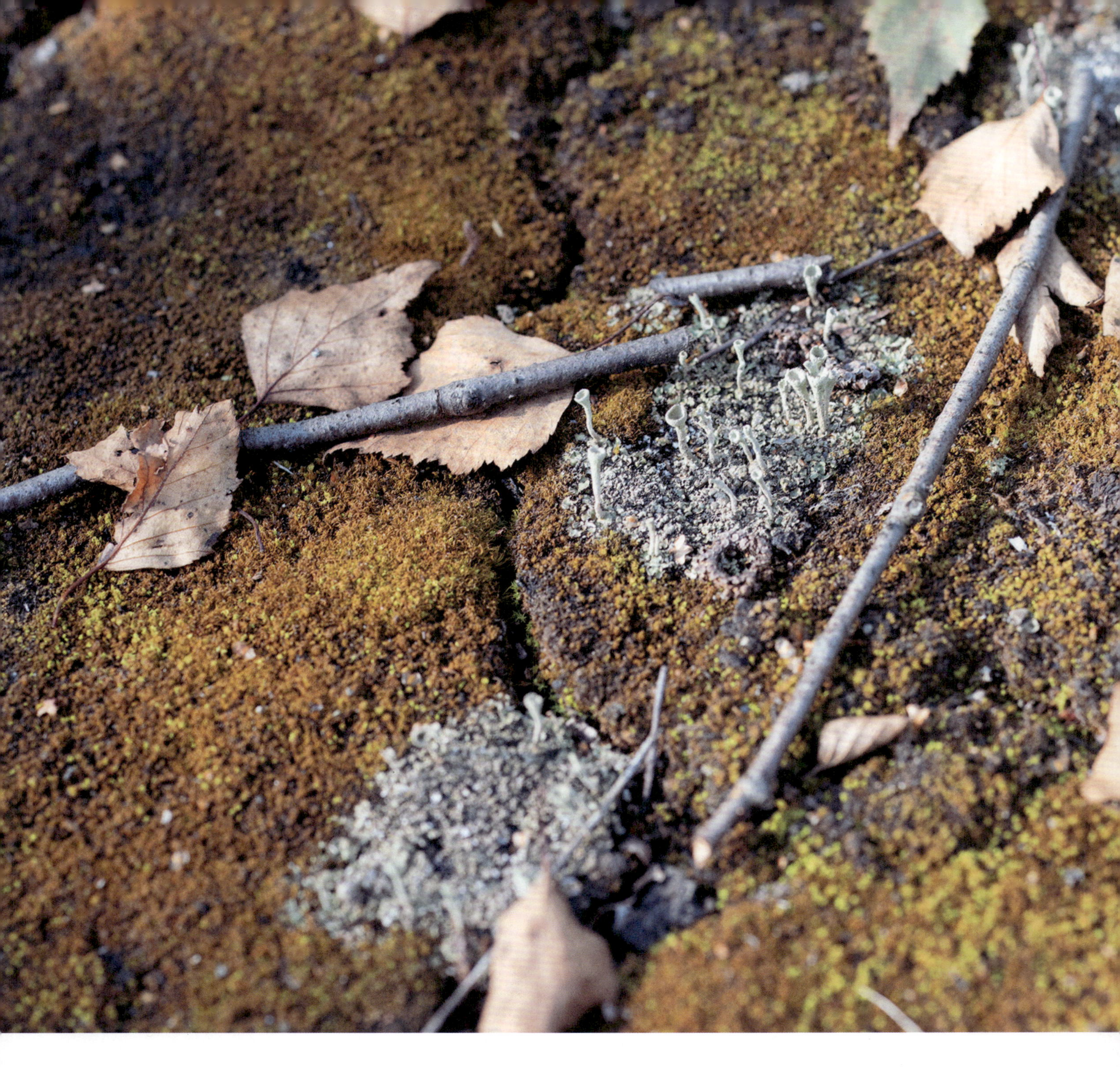

Trompetenflechte
(*Cladonia fimbriata*)

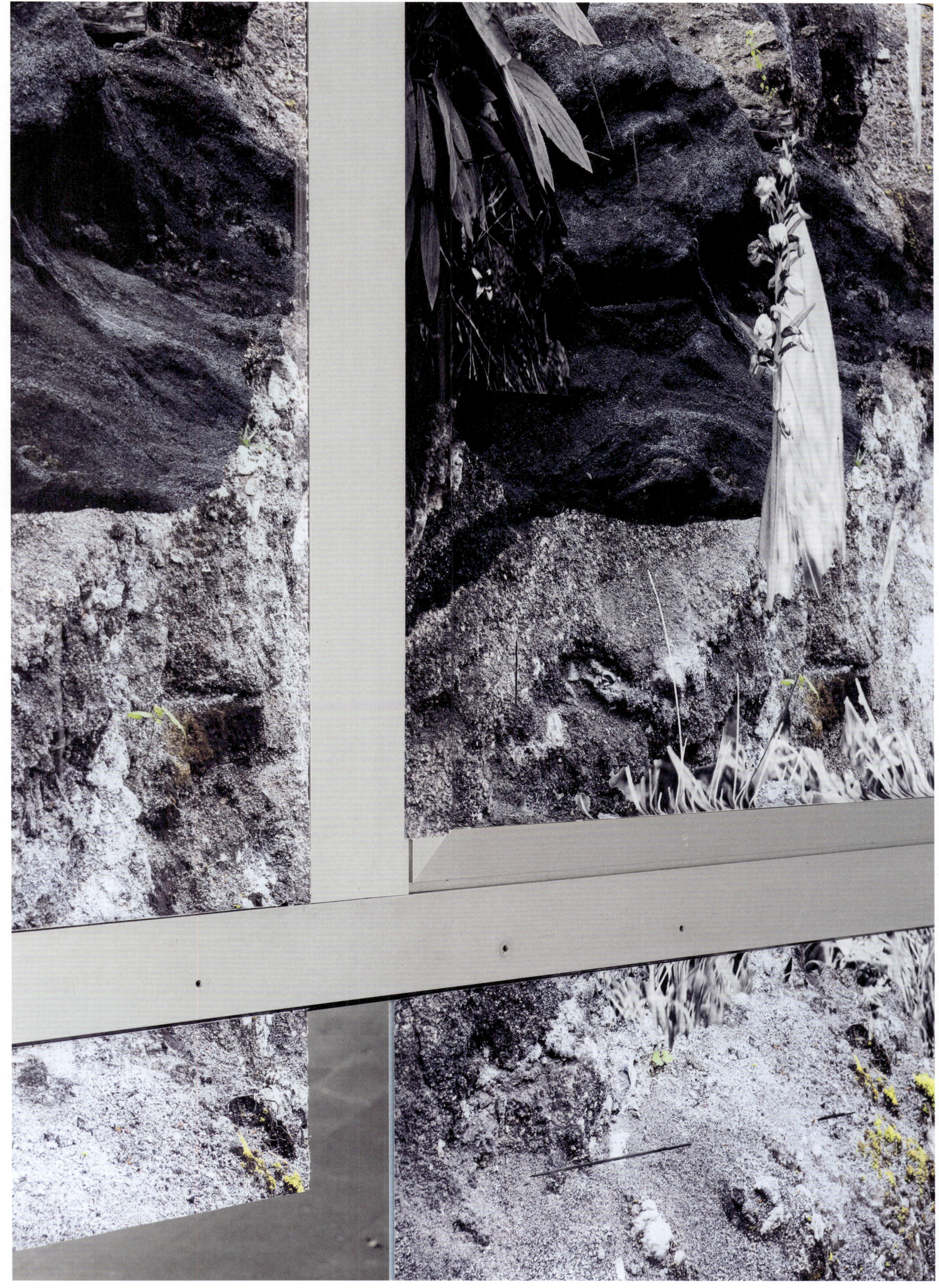

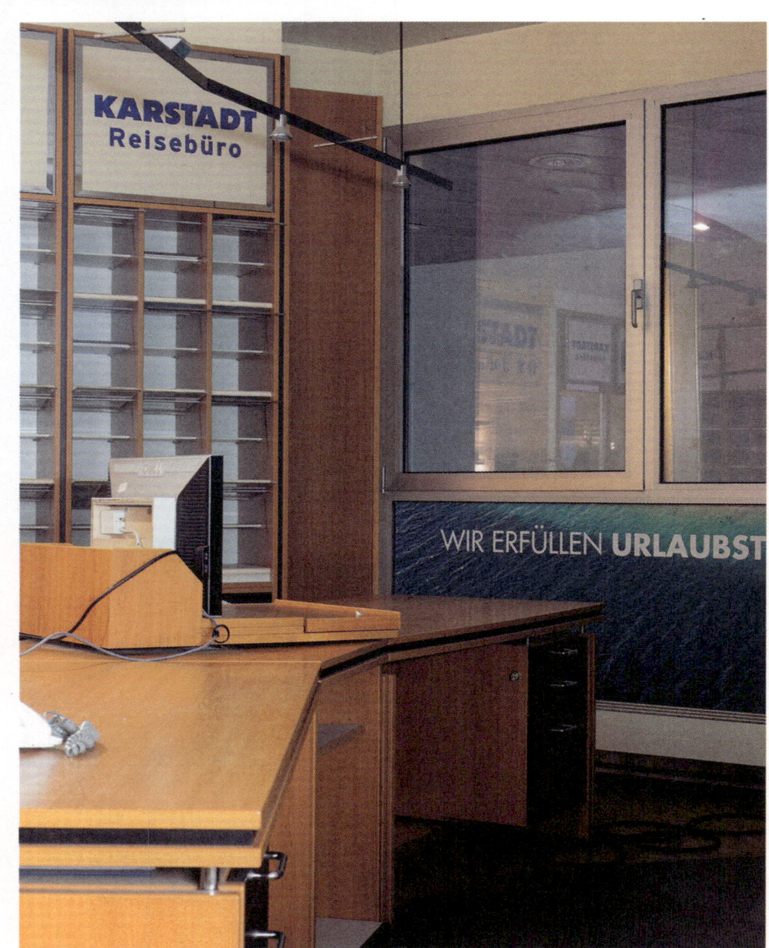
KARSTADT
Reisebüro
WIR ERFÜLLEN URLAUBST
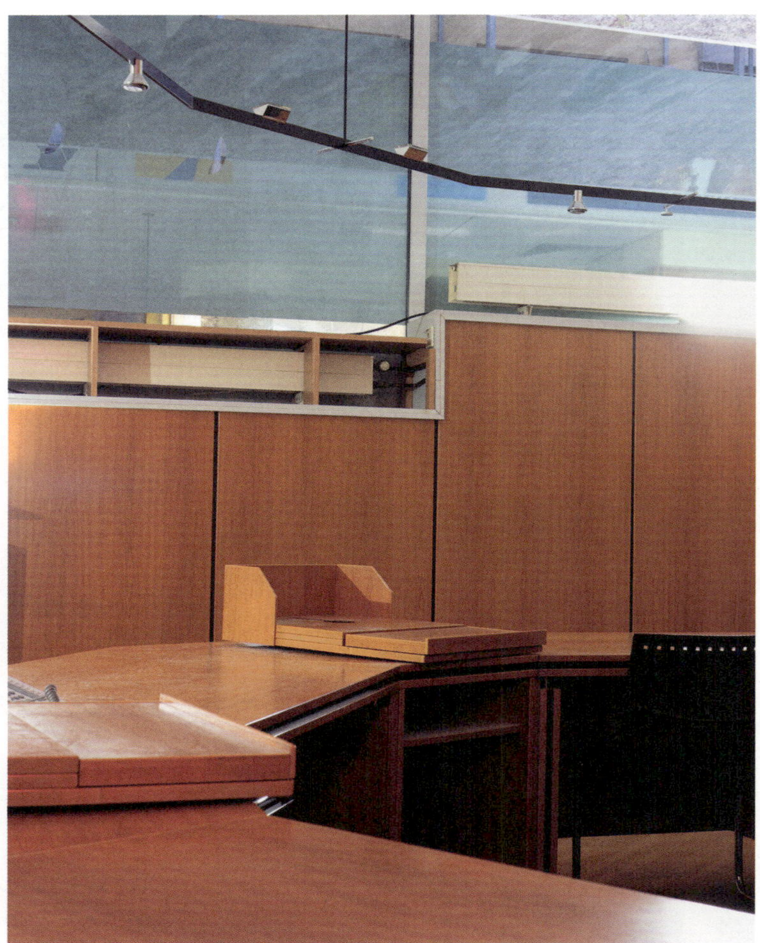

Karstadt Siegen

Die Geschichte des Karstadt-Gebäudes in Siegen spiegelt die Veränderungen der Stadt in Bezug auf die Nutzung und Gestaltung des städtischen Raumes sowie die Orientierung am Erfolgskonzept Warenhaus im 20. Jahrhundert.

Ende der 1960er Jahre kam ein Gutachten zu dem Ergebnis, dass Siegen ein weiteres Warenhaus benötigt. Für rund 20 Millionen Mark baute die Neckermann Versand KG das moderne Warenhaus mit vier Etagen und 7.500 Quadratmetern Verkaufsfläche, das am 7. Oktober 1971 eröffnet wurde.

Längst vergessen ist, dass für das Kaufhaus nicht nur einige Parkplätze auf dem inzwischen autofreien Unteren Schlossplatz weichen mussten, sondern auch eine Krypta. Sie war Ende des 15. Jahrhunderts im Zuge des Baus der Franziskanerkirche St. Johannis errichtet worden. Während die Kirche bereits im 17. Jahrhundert einem großen Stadtbrand zum Opfer fiel, überstand der verborgene Raum im Berg auch den schweren Bombenangriff im Dezember 1944 und soll später sogar von einem Siegener Getränkehändler als Weinkeller genutzt worden sein. Auch Marstall und Ballhaus des Unteren Schlosses, später die Stadtschule, nach dem Zweiten Weltkrieg eine Landesbehörde, befanden sich einst an der überbauten Stelle.

Karstadt übernahm die Neckermann-Filiale bereits 1977 – 400 Jahre nach dem Geburtstag von Peter Paul Rubens in Siegen – mit einem Vollsortiment. Anfangs gab es im Untergeschoss noch Lebensmittel, in der Mitte zur Kölner Straße hin eine Obst- und Gemüseabteilung und ganz oben ein Restaurant. Trotz Krisen und Fusionen blieb das Kaufhaus bis zur Insolvenz von Galeria Karstadt Kaufhof im Jahr 2023 geöffnet. Seitdem stehen die unteren Etagen wie in vielen anderen Städten leer.

Ein Abriss des Gebäudes, das mit seinen Fassaden und der rohen Betonstruktur ein Denkmal der Nachkriegsmoderne und der Kaufhauskultur ist, steht jedoch nicht zur Debatte, zumal es längst mit der Topografie verschmolzen, förmlich in den Berg hineingewachsen ist und sogar ein Stück unter den Schlossplatz ragt, wo es wiederum mit einer Tiefgarage verbunden ist. Die Universität Siegen hat bereits 2018 mit dem Umbau der oberen Etagen des Karstadt-Gebäudes begonnen, um dort ein neues Hörsaal- und Seminarzentrum zu errichten, das 2020 fertiggestellt wurde.

Auch deshalb entwickelt das stdtb Lehr- und Forschungsgebiet Städtebau an der Universität Siegen seit 2024 in einem Reallabor verschiedene Nutzungskonzepte für die Immobilie mit wenig Tageslicht. Teilnehmer:innen des Reallabors sind neben dem Eigentümer Siegberg Immobilien Vertreter:innen der Stadt, der Universität, des Einzelhandels und der Kultur. In einem ergebnisoffenen Prozess werden die unterschiedlichen Anforderungen und Wünsche abgewogen und es wird geprüft, wie das Gebäude für unterschiedliche Nutzungen umgebaut werden kann.

The Karstadt Building in Siegen

The history of the Karstadt building in Siegen reflects changes in the use and design of urban space in the city as well as the focal role of the department store as a twentieth-century concept for success.

An expert assessment commissioned in the late 1960s concluded that Siegen needed an additional department store. Neckermann Versand KG built the modern department store with four stories and 7,500 square meters of sales floor for 20 million German Marks. It opened on October 7, 1971.

Long forgotten is the fact that not only were multiple parking places on the now car-free Schlossplatz sacrificed for this purpose, but so was a crypt. The crypt had been built in the late fifteenth century as part of the construction of the Franciscan Church of St. John. While the church fell victim to a major city fire in the sixteenth century, the hidden space built inside the mountain survived, also withstanding the heavy bombardment of the city in December 1944. Supposedly it was later used as a wine cellar by a local beverage company. Also, the stables and ballroom of Siegen's so-called Lower Castle (Unteres Schloss), later a city school and after World War II state administrative offices, once occupied the site on which the store was constructed.

Karstadt took over the Neckermann store in 1977—on the 400th anniversary year of Peter Paul Ruben's birth in Siegen—with a full assortment of products. Initially there was a food emporium on the lower level; at the center of the store towards Kölner Straße was a fruit and vegetable section; and on the top floor was a restaurant. Despite crises and mergers, the department store remained in operation until the bankruptcy of Galeria Karstadt Kaufhof in 2023. Since then, the lower levels of the store have remained empty, as in many other cities.

There is no thought of demolishing the building—a monument to post-war architecture and department store culture with its façades and rough cement structure, especially since it has long fused with its surrounding topography, literally having grown into the mountain, with part of its structure extending beneath Schlossplatz, where it joins an underground parking garage. In 2018 the University of Siegen began refurbishing the upper stories of the Karstadt building as new lecture halls and classrooms, which were completed in 2020.

For this reason, the "Reallabor" of the stdtb Lehr- und Forschungsgebiet Städtebau at the University of Siegen has been developing various utilization concepts for the building, which is defined by a lack of natural light. Participants in this development lab include the owners Siegberg Immobilien and representatives from the city, the university, the retail sector, and cultural initiatives. Different requirements and needs are being weighed in this open-ended process, and options are being considered for refitting the structure for a range of uses.

Thomas Thiel

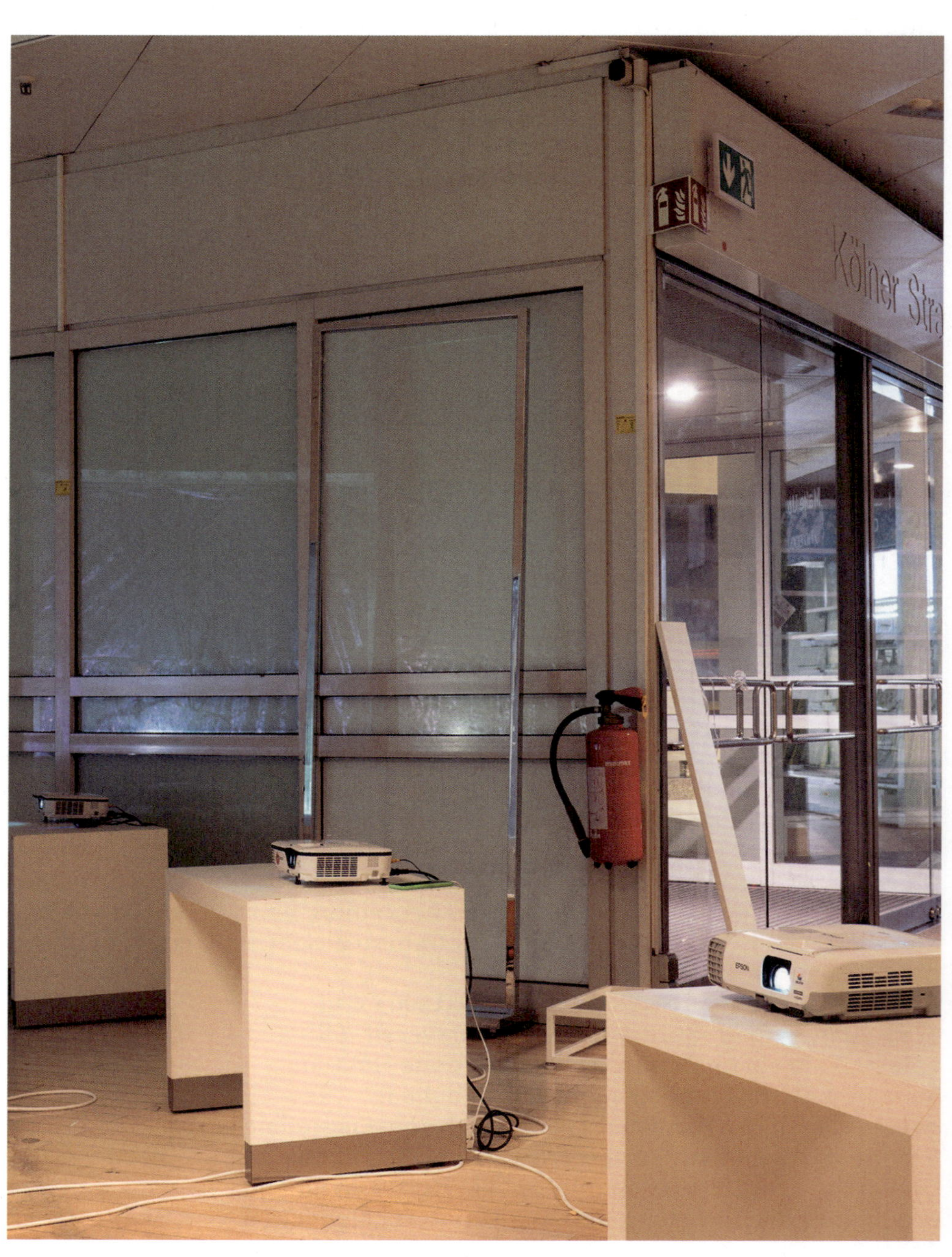

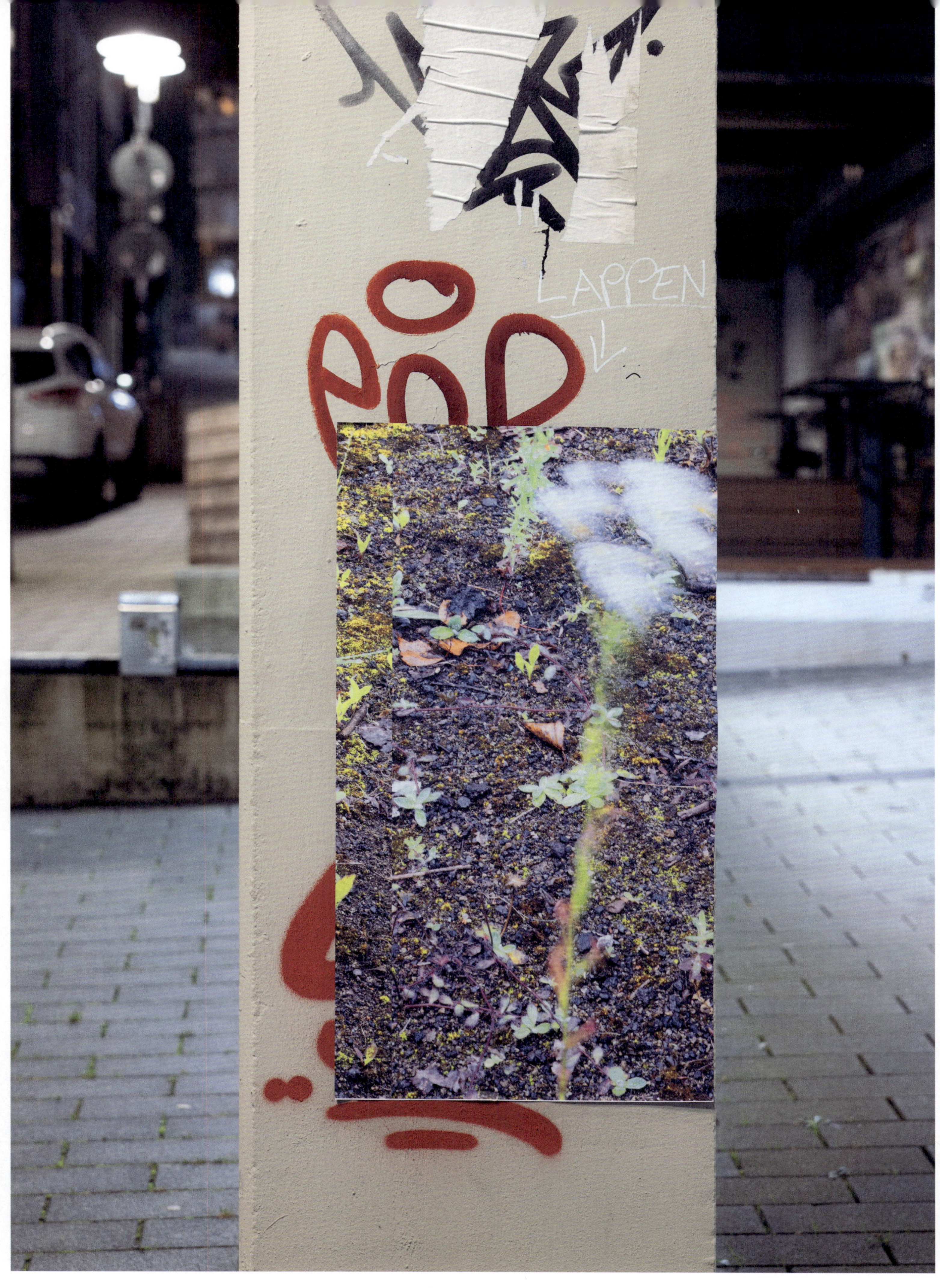

LAPPEN

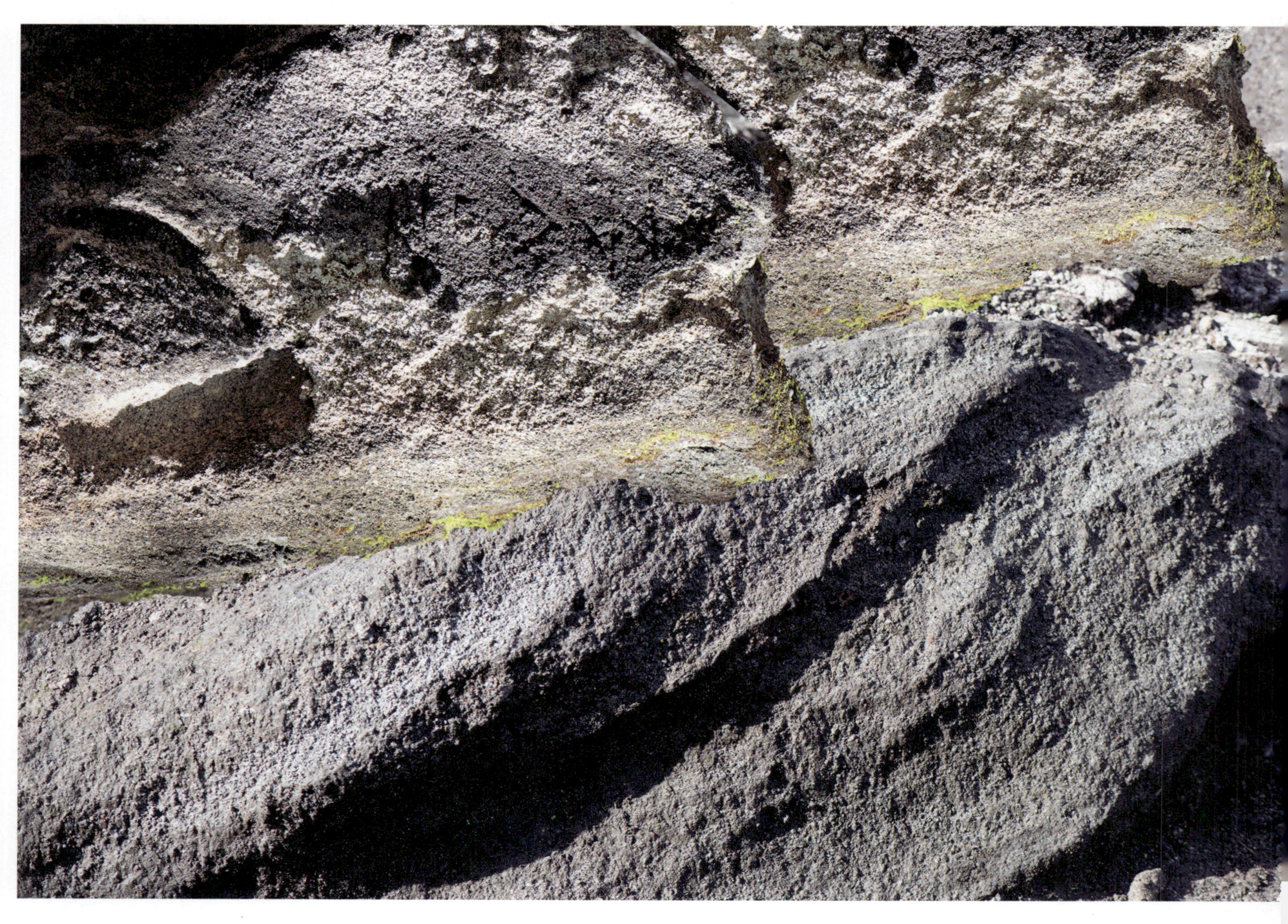

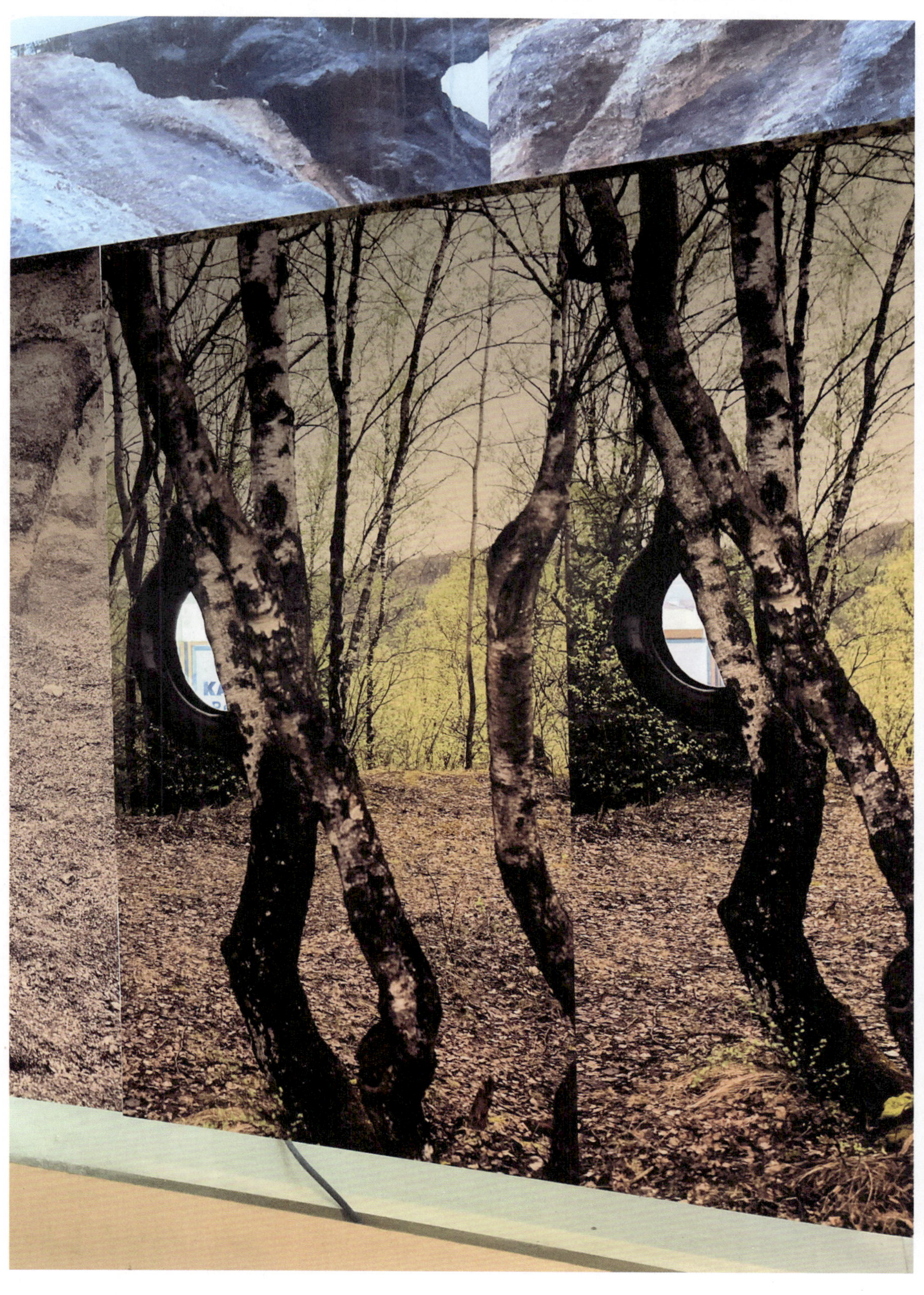

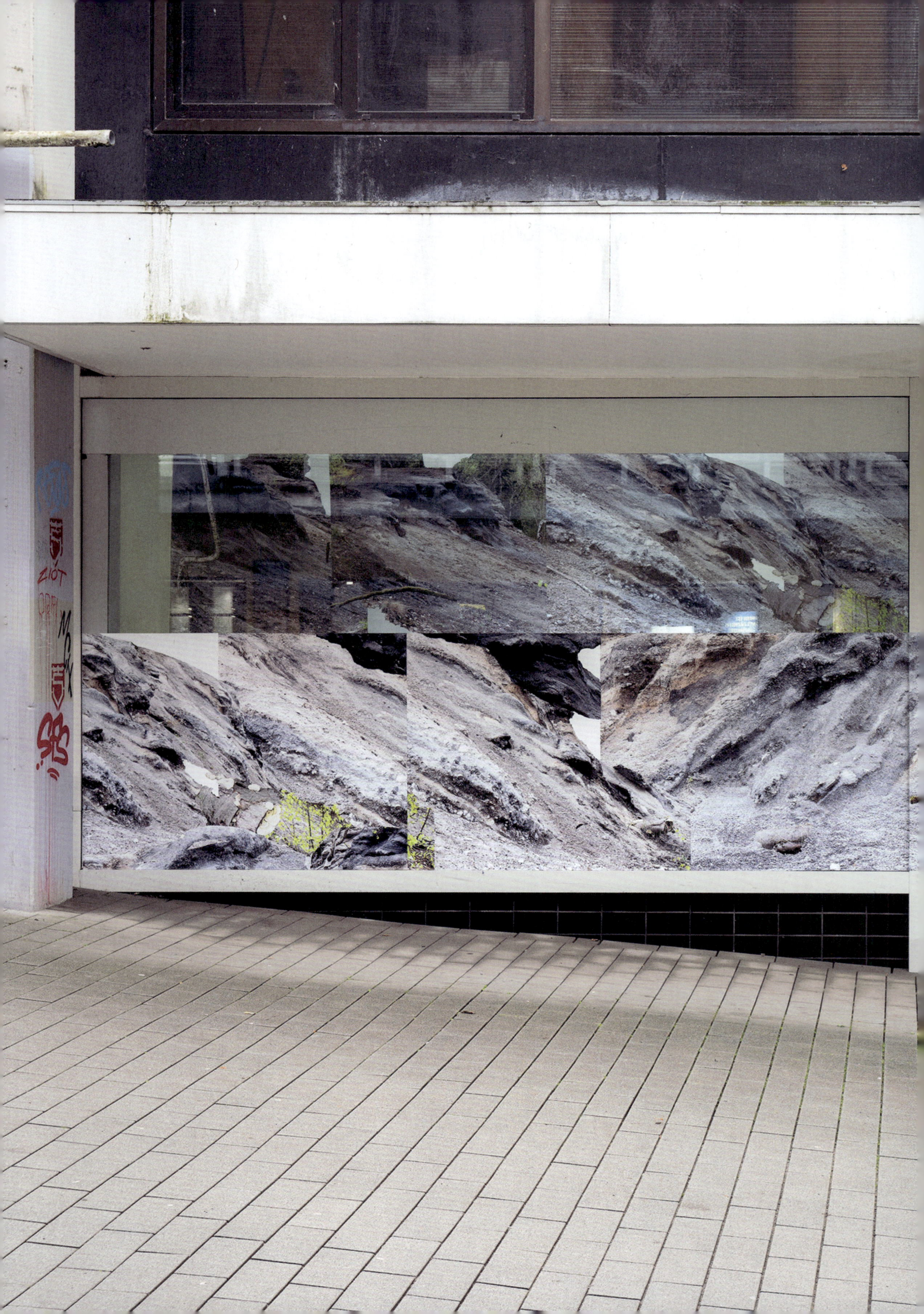

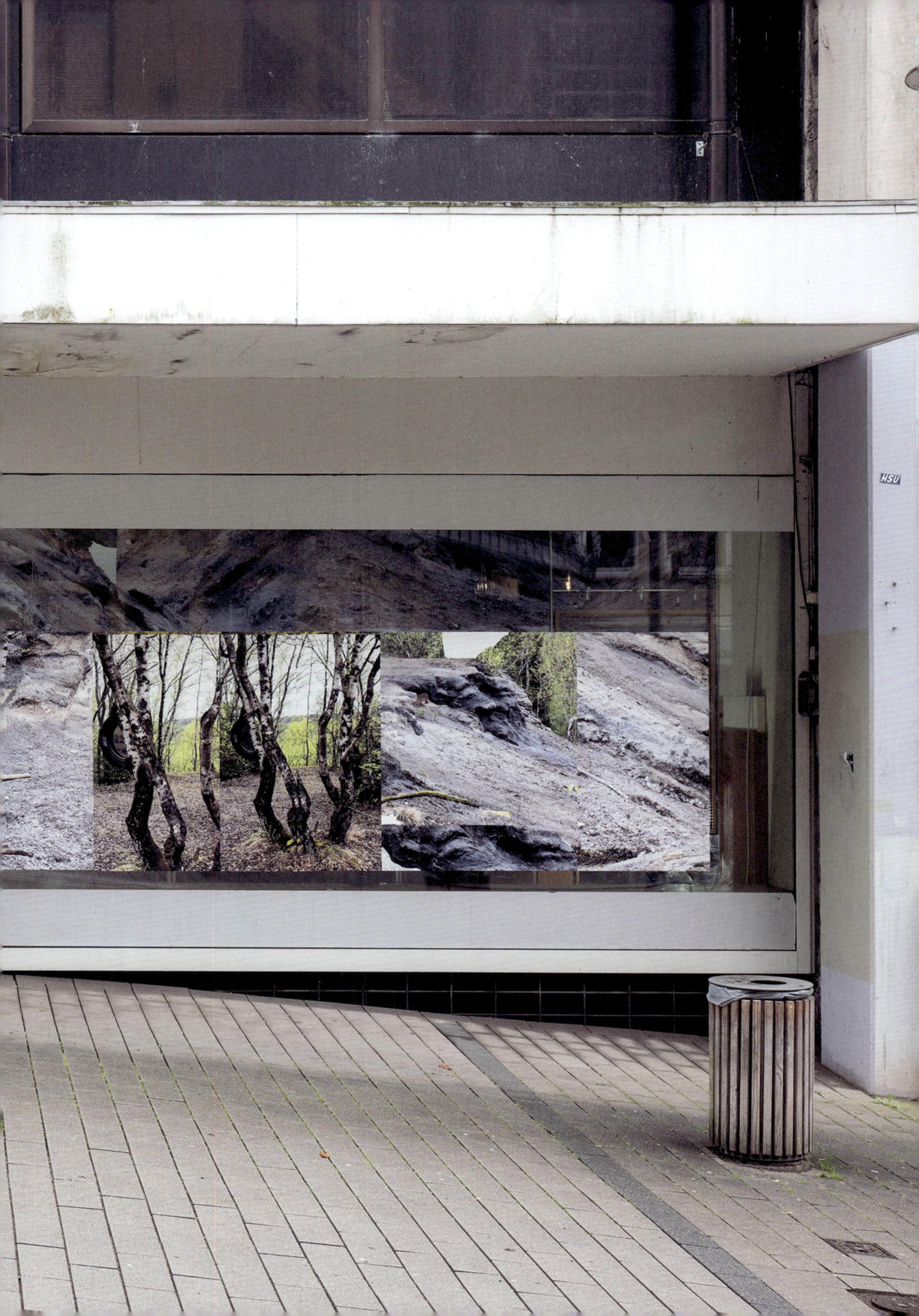

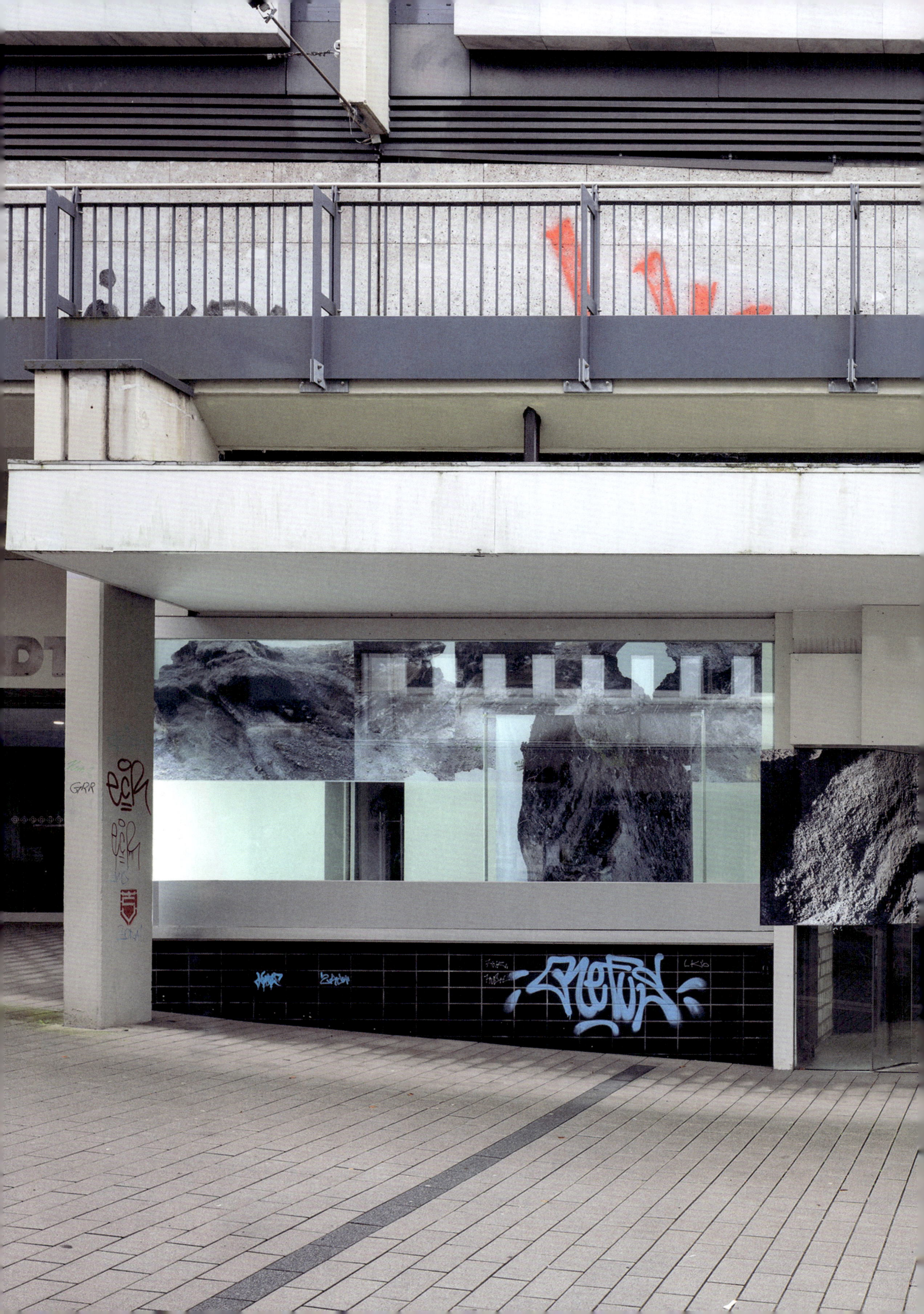

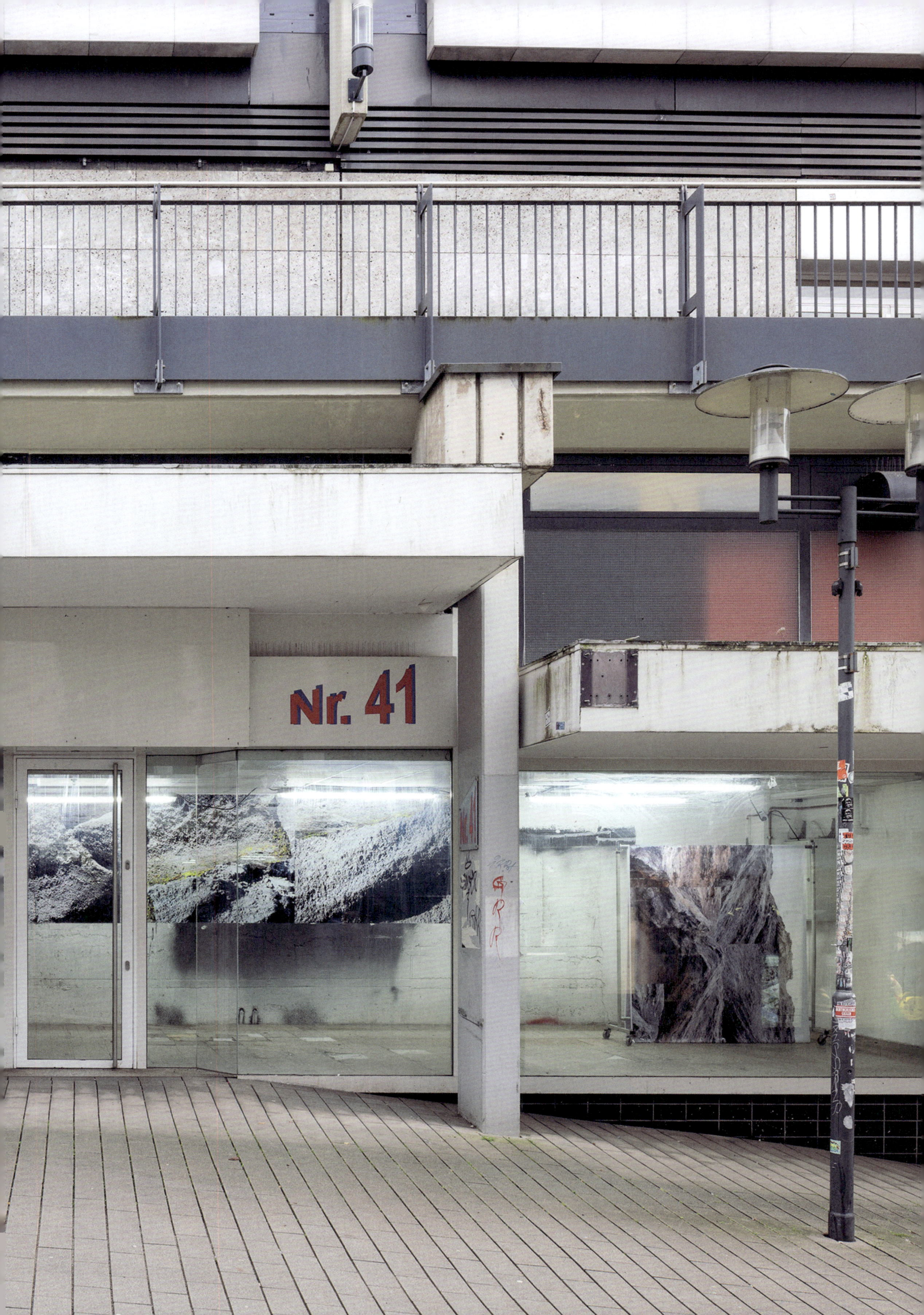
Nr. 41

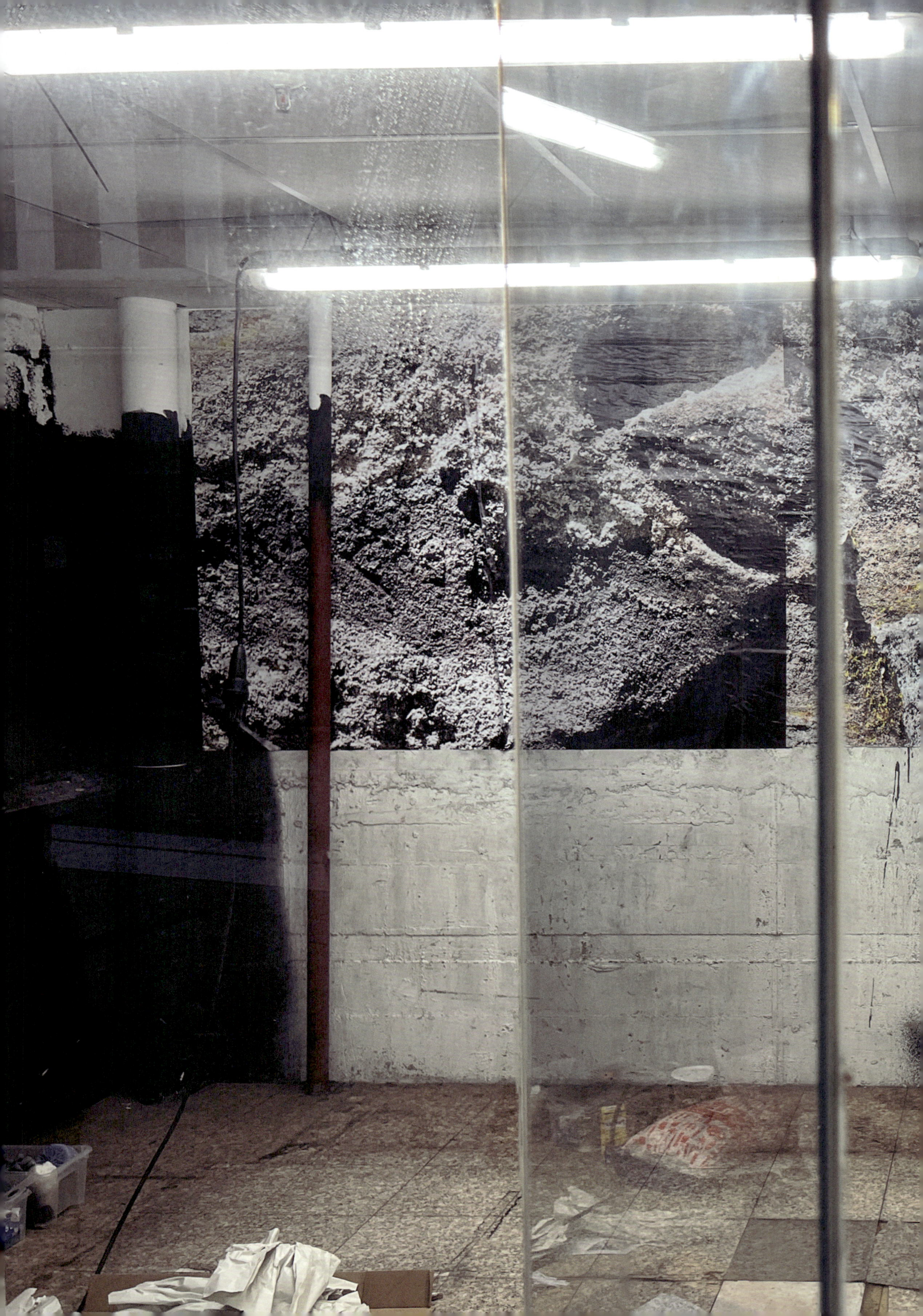

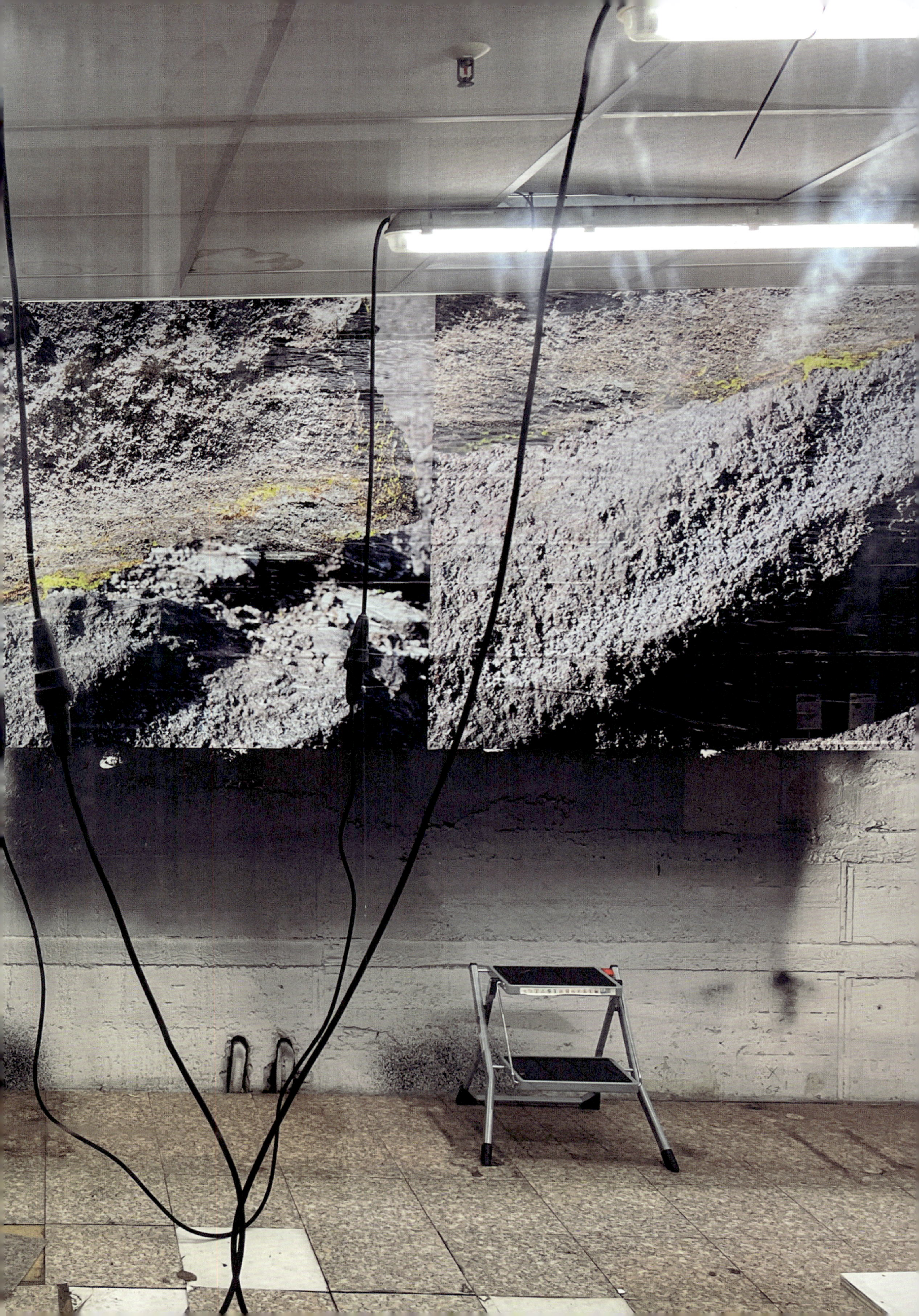

Siegen's Monte Schlacko

Der Monte Schlacko ist mit knapp 374 Metern die höchste Erhebung und zugleich der größte von Menschenhand geschaffene Berg Siegens. Im Laufe des 20. Jahrhunderts wurde er zum Wahrzeichen des Siegener Hüttentals. Bis heute prägt er das Stadtbild und wurde wegen seiner Kegelform auch Siegener „Fujiyama" genannt, in Anlehnung an den berühmten japanischen Berg.

Tatsächlich handelt es sich um eine Schlackenhalde der ehemaligen Bremer Hütte im Stadtteil Geisweid, die ab 1900 aufgeschüttet wurde. Bremer Kaufleute gründeten 1872/73 auf dem Geisweider Grundstück „In der Lache" die Bremer Hütte, ein Werk zur Erzeugung von Roheisen und Stahl. Aufgrund finanzieller Schwierigkeiten ging die Hütte bereits 1880 an die Bremer Nationalbank über, die sie zwischenzeitlich verpachtete, bevor 1888 die Aktiengesellschaft Bremer Hütte gegründet wurde. 1917 ging die Bremer Hütte in die Storch & Schöneberg AG für Bergbau und Hüttenbetrieb über. Das Unternehmen mit angeschlossenen Kessel-, Niet- und Apparatebauwerken sowie Ziegeleien entwickelte sich mit 2.700 Beschäftigten zum zweitgrößten Unternehmen im Siegerland. In den 1920er Jahren beteiligte sich der Mannesmann-Konzern an dem Unternehmen und war nach der Übernahme der Aktien 1930 für die Stilllegung der Bremer Hütte verantwortlich. Die Geisweider Eisenwerke übernahmen 1936 das Gelände und einige Gebäude nachdem die eigentlichen Anlagen bereits abgebaut waren.

Der Monte Schlacko wurde von 1900 bis 1929 aus Schlackensand aufgeschüttet, der beim Abstich der Hochöfen durch Granulierung der glühenden Schlacke anfiel. Dieser wurde erst auf dem Betriebsgelände abgelagert, bevor das Gelände auf der Ley von der Gemeinde Klafeld-Geisweid erworben und dort das erste Schlacken-Plateau geschaffen wurde. 1920 folgte eine Seilbahn und ein Kegel konnte aufgeschüttet werden. Auch ein Absinkweiher, in dem Hochofengasstaub deponiert wurde, wurde in die Anlage integriert.

Der Monte Schlacko hat sich im Laufe der Jahrzehnte zu einer ökologisch und kulturhistorisch besonders wertvollen Landschaft entwickelt. Während des Zweiten Weltkrieges diente der Berg dem zivilen Luftschutz: Auf der Spitze des Kegels wurde ein Beobachtungsposten eingerichtet und die Bevölkerung grub einen Luftschutzstollen in die Halde. In den 1950er Jahren wurde der Monte Schlacko in das Wappen von Klafeld-Geisweid aufgenommen, das einen Hüttenmann mit Zange und glühendem Eisenblock vor dem Monte Schlacko zeigt. Trotz verschiedener Begrünungsaktionen hat sich die Natur den Berg zurückerobert. Seit 2008 steht der Monte Schlacko unter Naturschutz. Ein gut strukturierter, artenreicher Eichen-Birkenwald konnte sich etablieren. Auf dem nährstoffarmen, schwermetallhaltigen Boden haben sich seltene Pflanzen und Tiere angesiedelt. Zu den besonderen Pflanzen zählen die Braunrote Ständelwurz (*Epipactis atrorubens*), die Breitblättrige Ständelwurz (*Epipactis helleborine*) und die Vogelnestwurz (*Neottia nidus-avis*). Unter den Pilzen kommen der

Monte Schlacko of Siegen

With a height of nearly 374 meters, Monte Schlacko is the highest elevation and the largest man-made mountain in Siegen. Over the course of the twentieth century, it became a landmark of Siegen's iron and steel mill industries. To this day, it dominates the city landscape and has even been nicknamed the "Fujiyama" of Siegen—an allusion to the famous Japanese mountain—due to its tapered form.

Monte Schlacko is a slag heap that was formed beginning in 1900 by the former Bremer Hütte smelting works in the district of Geisweid. Investors from Bremen established the Bremer Hütte in 1872/73 on a Geisweid property known as "In der Lache" as a facility for producing pig iron and steel. Due to financial difficulties, the plant was taken over by the Bremer Nationalbank shortly thereafter in 1880, and the bank temporarily leased out the works until the Bremer Hütte corporation was founded in 1888. In 1917, the Bremer Hütte became part of the Storch & Schöneberg AG, a mining and smelting operation. With 2,700 employees and additional facilities for boiler making, riveting, apparatus construction, and brickworks, the company developed into the second-largest enterprise in the Siegerland region. In the 1920s, the Mannesmann Group became a major shareholder and, after taking over full ownership in 1930, was responsible for the closure of the Bremer Hütte. In 1936, Geisweider Eisenwerke took over the site and some of its buildings after the original facilities had already been dismantled.

Monte Schlacko was formed between 1900 and 1929 from slag sand produced by the granulation of molten slag during the tapping of the blast furnaces. Initially, the material was stored on the grounds before the property "auf der Ley" was acquired from the municipality of Klafeld-Geisweid, and there the first plateau of slag waste was formed. In 1920, a cable railway was added, enabling slag to be dumped in a cone-shaped heap. A sinking pond, a deposit for gas dust from the blast furnace, was also integrated into the site.

Over the decades, Monte Schlacko has evolved into a landscape of significant ecological and cultural-historical value. During World War II, the hill served the purpose of civilian air-raid defense. An observation post was established on the summit, and local civilians dug an air-raid tunnel into the mound. In the 1950s, Monte Schlacko was incorporated into the coat of arms of Klafeld-Geisweid, which shows a steelworker holding tongs and a glowing iron block in front of the slag heap. Despite various coordinated planting efforts, nature has reclaimed the mountain. In 2008, Monte Schlacko was designated a nature reserve. A well-structured oak and birch forest containing a wide range of species has taken root. Rare plants and animals have settled on the nutrient-poor soil containing heavy metals. Notable plants include the royal helleborine (*Epipactis atrorubens*), the broad-leaved helleborine (*Epipactis helleborine*), and the bird's-nest orchid (*Neottia nidus-avis*). Among the fungi one finds the hole in the ground truffle (*Geopora arenicola*) and the stalked rosette (*Cotylidia undulata*). Vegetation free areas and unshaded plateau surfaces heat up significantly, offering vital retreat spaces

Kleinsporige Sandborstling (*Geopora arenicola*) und der Wellige Kreiselpilz (*Cotylidia undulata*) vor. Die vegetationsfreien Bodenpartien und unbeschatteten Plateauflächen erwärmen sich stark. Dadurch bieten sie einer Vielzahl von Insekten den notwendigen Rückzugsraum, darunter Arten wie die Dunkle Wespenbiene (*Nomada obscura*), der Bienenwolf (*Philanthus triangulum*) und die Eichen-Sandbiene (*Andrena ferox*).

Die Besonderheit des Siegener Berges zeigt sich einmal mehr in dem Versuch, den Monte Schlacko als Industriedenkmal und wichtiges Zeugnis der regionalen Wirtschaftsgeschichte im Jahr 2012 in die Denkmalliste der Stadt eintragen zu lassen. Doch auch ohne diese formale Bestätigung ist der Monte Schlacko längst im Stadtbild und im kollektiven Gedächtnis von Geisweid verankert.

for many insect species, including the dark nomad bee (*Nomada obscura*), the European beewolf (*Philanthus triangulum*), and the oak mining bee (*Andrena ferox*).

The uniqueness of Siegen's mountain is reflected in the 2012 attempt to list Monte Schlacko as an industrial monument and important landmark of regional economic history. Yet even without such formal recognition, Monte Schlacko remains firmly anchored in the urban landscape and collective memory of Geisweid.

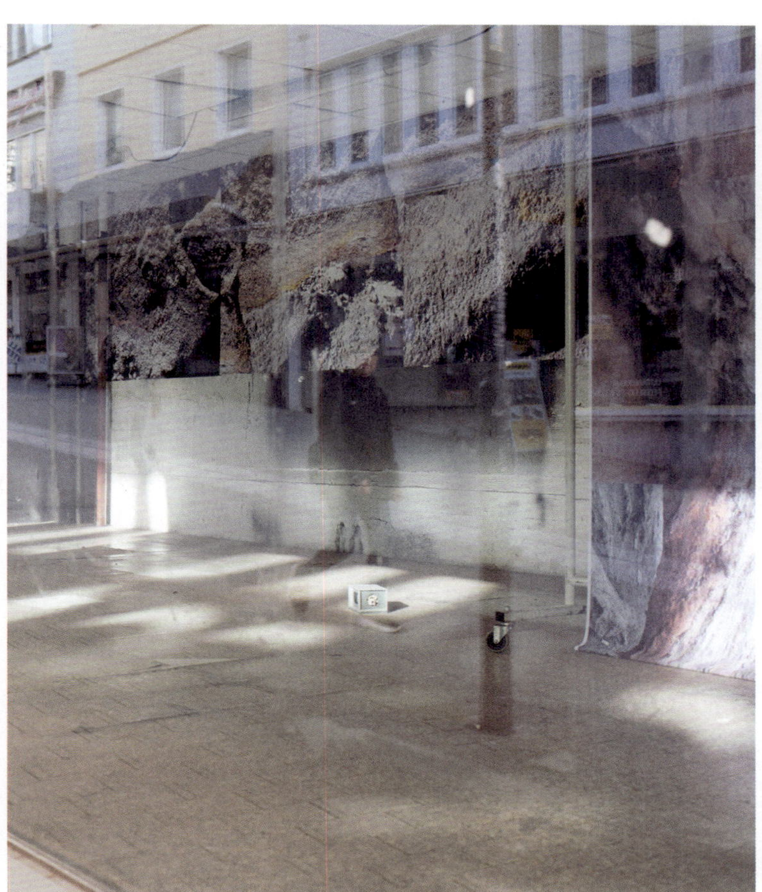
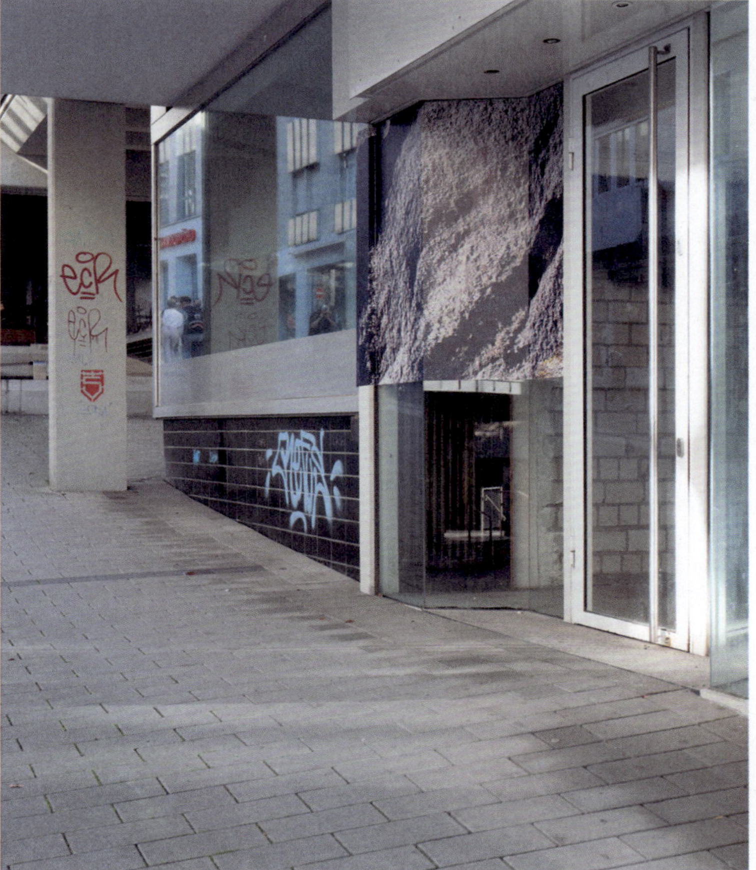

Thomas Thiel

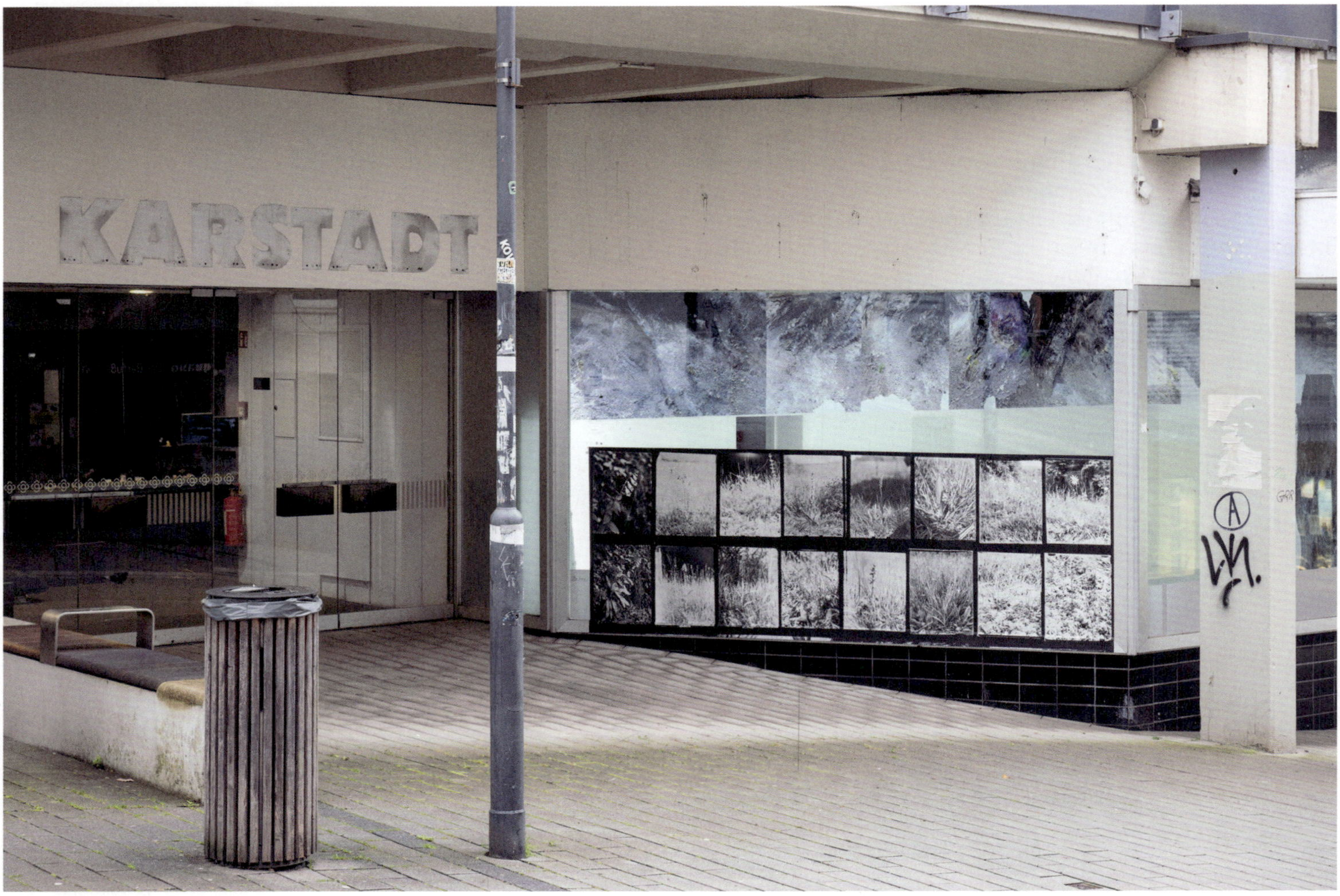

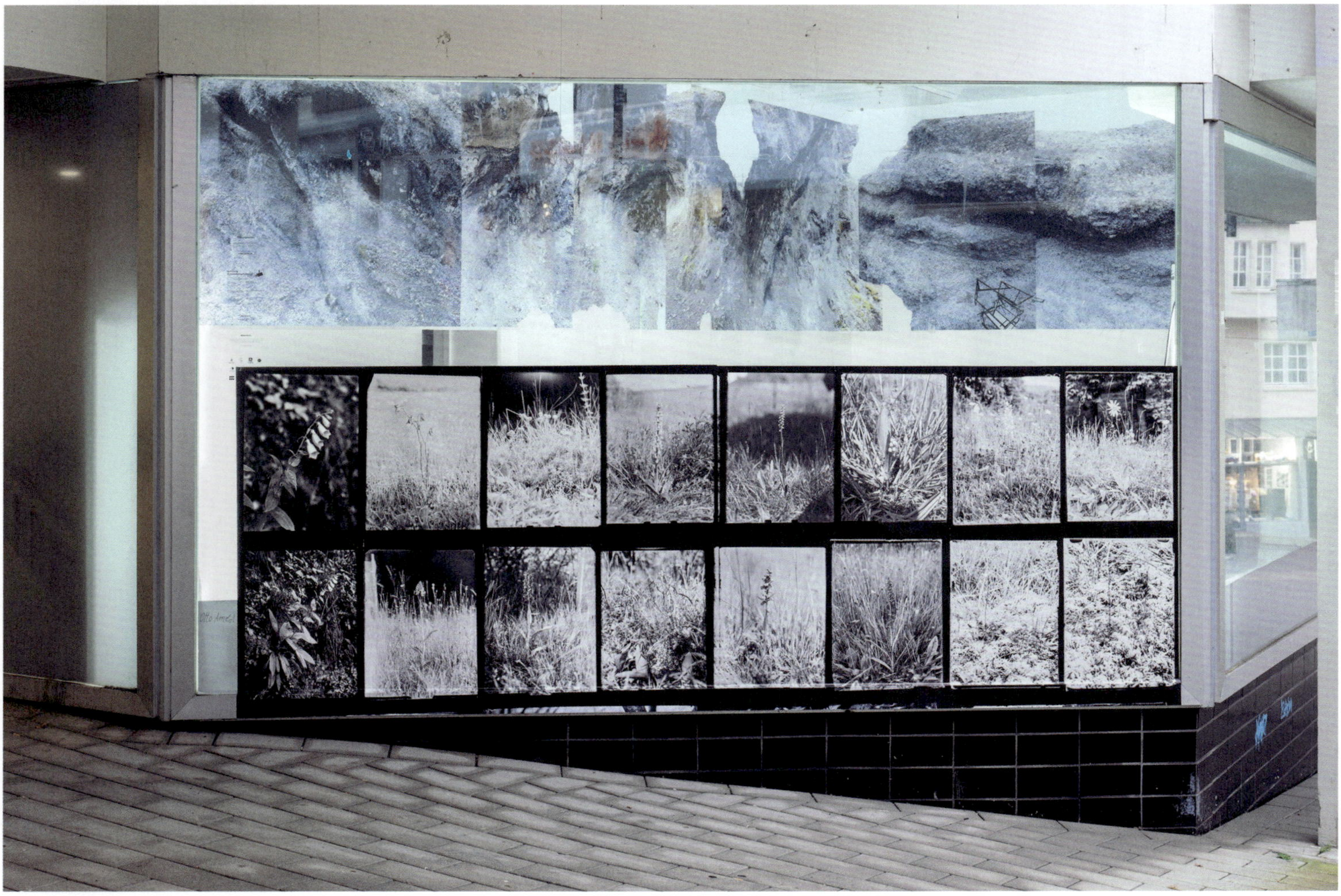

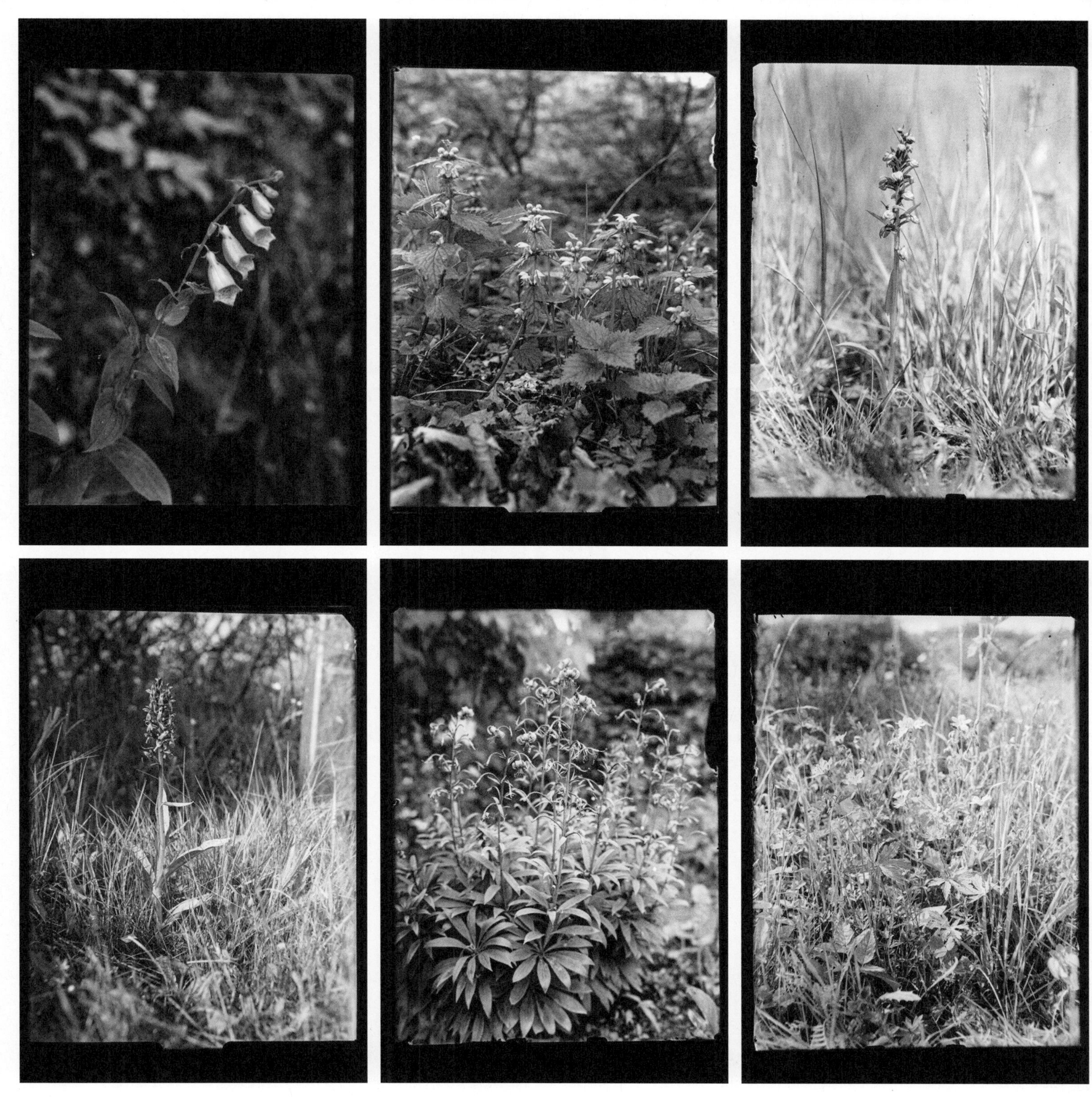

Otto Arnold

Gelber Fingerhut (*Digitalis lutea*)
Knabenkraut (*Dactylorhiza*)

Gewöhnliche Goldnessel (*Lamium galeobdolon*)
Türkenbund (*Lilium martagon*)

Grüne Hohlzunge (*Coeloglossum viride*)
Waldstorchschnabel (*Geranium sylvaticum*)

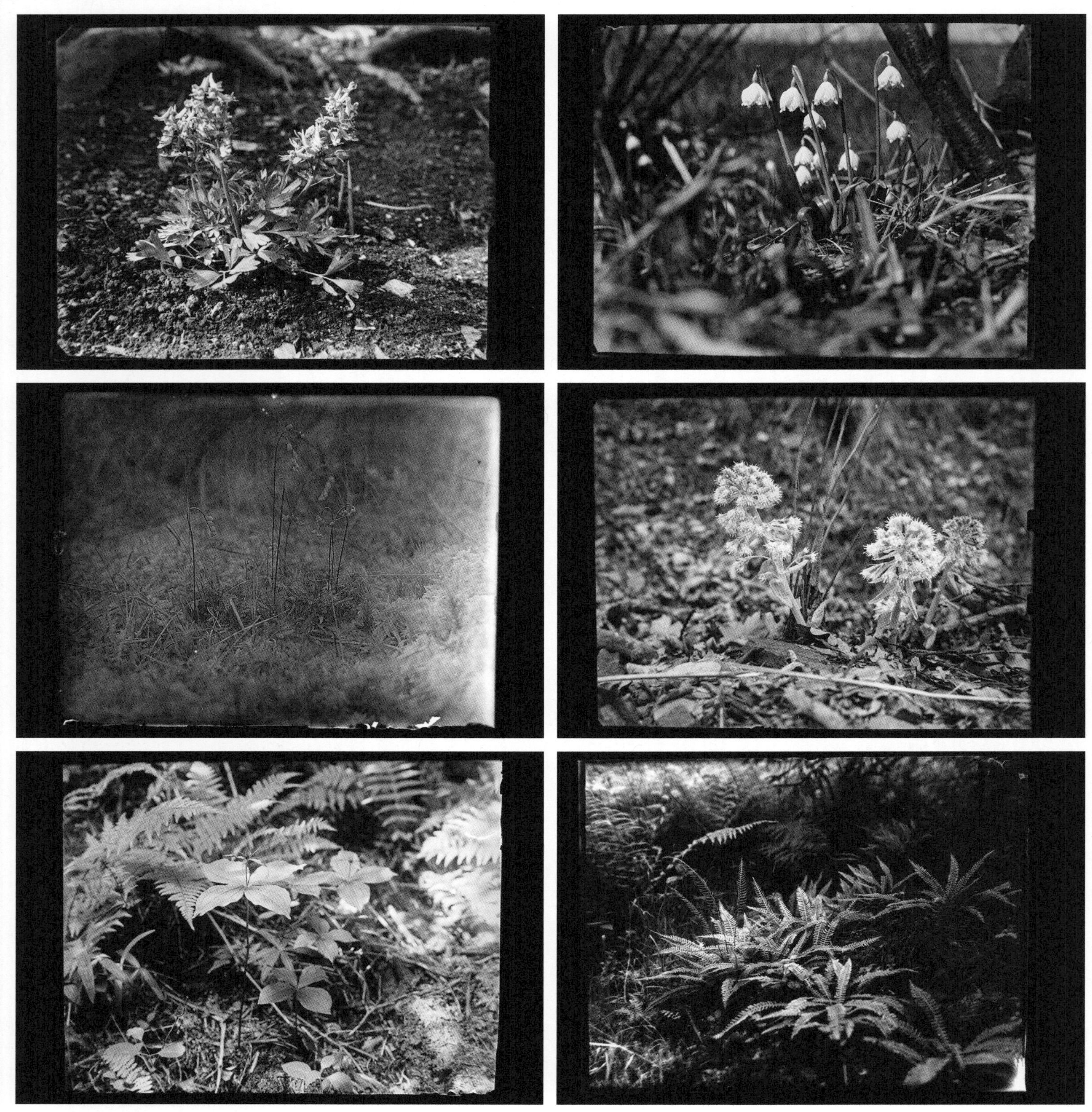

Otto Arnold

Lerchensporn (*Corydalis*)
Sonnentau (*Drosera*)
Einbeere (*Paris quadrifolia*)

Schneeglöckchen (*Galanthus*)
Weiße Pestwurz (*Petasites albus*)
Rippenfarn (*Struthiopteris spicant*)

Landschaft und Rohstoff

Von 1927 bis 1932 – seltener in den Jahren danach – dokumentierte der Lehrer Otto Arnold mit seiner Kamera die für das Siegerland typische Landschaft sowie die darin verankerten Berufe und Arbeitsvorgänge. Sein Archiv aus Glasnegativen und -diapositiven umfasst Themen wie Gruben, Hütten, Hauberg, Köhlerei, Gerberei, Filz, Wiesenbau, Botanik, Fachwerkhäuser und Naturschutz. In Lichtbildvorträgen vermittelte er den Zusammenhang von Landschaft und Ökonomie als konstitutiv für die Idee von Heimat.

Das Narrativ des Siegerlandes beginnt mit dem seit keltischer Zeit betriebenen Eisenerzbergbau und dem immensen Bedarf an Holzkohle in den Öfen der Eisenschmelzanlagen – hier spielte das Handwerk der Köhlerei eine wesentliche Rolle. Die Haubergsordnung, die den Kahlschlag der Waldbestände verhindern sollte, zeugte von einem frühen Bewusstsein für nachhaltige Forstwirtschaft. Mit dem Import der Steinkohle aus dem Ruhrgebiet am Ende des 19. Jahrhunderts verlor das Holz seine dominante Rolle im Verhüttungsprozess; der Hauberg, Symbol des regionalen Wirtschaftssystems, wandelte sich. Als Arnold fotografierte, existierte im Siegerland nur noch eine Köhlerei, während andere mit dem Hauberg (eine seltene Form der Feld-Wald-Wechselwirtschaft) verbundene arbeitsintensive Handwerke – die Gerberei, die Leim- und Filzproduktion – erst in der zweiten Hälfte des 20. Jahrhunderts eingingen. In seinen Aufnahmen hielt er nicht nur den momentanen Zustand, sondern auch die besondere Atmosphäre des (widerständischen) Traditionellen inmitten eines sich verändernden ökonomischen Umfelds fest. So spiegeln einige zum Zeitpunkt der Fotos schon stillgelegte Gruben und Hütten – wie erhabene Ruinen – die Fragilität des ökonomischen Zusammenhangs wider. In anderen Bildern rückt Arnold die neuen Maschinen ins Blickfeld, die die mühselige Arbeitskraft in schmutziger Umgebung obsolet erscheinen lassen. Heute ist der Hauberg als immaterielles Kulturerbe verankert, auch wenn seine ökonomische Schlüsselrolle nicht mehr existiert.

Otto Arnold inszeniert sich selbst auf einigen Fotos – als Wanderer und (städtischer, intellektueller) Volkskundler, der Wissen und Tradition reflektiert. Die tagesgenaue Datierung seiner Fotografien unterstreicht den historischen und einzigartigen Charakter jedes eingefangenen Augenblicks. Dabei begegneten ihm immer wieder aufmerksame Blicke der arbeitenden Menschen – jene, die im Zusammenspiel von traditioneller Arbeitskraft und sich durchsetzender Automatisierung ihren Platz in der sich wandelnden Welt suchten.

Die Fotos von Arnold zeigen ein faszinierendes Spannungsfeld zweier großer Abstraktionsbewegungen. Einerseits präsentiert sich die Landschaft von Berg und Tal als natürliches, im gemeinschaftlichen Wandern ästhetisch zu erschließendes Gebilde. Andererseits wird der Transformationsprozess sichtbar, in dem Natur zum Rohstoff wird.

Die zwei miteinander ambivalent verwobenen Perspektiven der schleichenden Entwertung der Natur

Landscape and Raw Material

From 1927 to 1932—and less frequently in subsequent years—the teacher Otto Arnold used his camera to document the typical landscape of Siegerland along with the trades and working processes anchored in the region. His archive of glass negatives and slides spans topics such as mining, smelting, the collective forestry known as Hauberg (a regional method of alternating field and forest management), charcoal burning, tanning, felting, meadow cultivation, botany, half-timbered construction, and nature conservation. In lectures illustrated with his photographs, he portrayed the connection between landscape and economy as constitutive of the notion of homeland (Heimat).

The story of Siegerland begins with the mining of iron ore, which dates from the Celtic era, and the enormous demand for the charcoal that the ironworks furnaces consumed. The production of charcoal thus played an important role in the region. Developed to prevent the clear-cutting of forests for the high consumption of charcoal, Hauberg forestry reflected an "early" awareness for sustainable forestry.

The import of hard coal from the Ruhr area at the end of the nineteenth century caused wood and charcoal to lose their dominant role in the smelting process; the Hauberg method, symbolic of the regional economic system, changed. When Arnold took his photographs, there was only one charcoal manufacturer left in the Siegerland. Other labor-intensive industries associated with the Hauberg practice, such as tanning and glue and felt production, did not disappear until the second half of the twentieth century.

In his photographs, Arnold not only captured the given situation at the time but also the special atmosphere surrounding (resilient) traditional practices that persisted within a changing economic environment. Some of the mines and smelters that had already closed by the time the photographs were taken have the air of sublime ruins, reflecting the fragility of this economic context. In other pictures, Arnold focuses on the new machines, which make the toil of labor in dirty surroundings seem obsolete. Today, the Hauberg practice is a regionally rooted intangible cultural heritage, although its economic function is no longer relevant.

In some of his photographs Otto Arnold presents himself as a traveler and (urban, intellectual) folklorist reflecting on knowledge and tradition. His precise dating of his photographs emphasizes the historical and unique character of each captured moment. He repeatedly encountered the attentive gazes of working people, those who were seeking their place in a changing world defined by the interplay of traditional labor and advancing automation.

Arnold's photographs reveal a fascinating tension between two major trajectories of abstraction. On the one hand, they show a landscape of mountains and valleys as a natural setting that can be aesthetically appreciated through communal hikes. On the other hand, they make visible the transformation processes through which nature is turned into raw material.

These two ambivalently interwoven perspectives—the slow violent devaluation of nature as mere resource, on the one hand, and the simultaneous aestheticization of the

Eva Schmidt

als bloße Ressource einerseits und der gleichzeitigen Ästhetisierung der Landschaft andererseits wurden durch die in jenen Jahren sich verstärkenden – bürokratischen – Institutionen des Natur-, Denkmal- und Heimatschutzes sowie den zunehmenden Wandertourismus weiter thematisiert. So musste die Landschaft als schützenswert deklariert und aus dem Verwertungskontext herausgehoben werden, während andererseits ihre Ausbeutung – als erneuerbarer und nicht erneuerbarer Rohstoff – weiter betrieben wurde.

Die botanischen Aufnahmen Arnolds sind von dem Naturschutzgedanken durchdrungen. Sie bilden eine naturgeschichtliche Bestandsaufnahme, die die Pflanzenwelt in der Landschaft des Haubergs, der Gruben und Hütten dokumentierte. Dieses und die anderen Themenfelder Arnolds laden uns heute dazu ein, über den Zusammenhang von Landschaft und Ökonomie, über nachhaltige Ressourcennutzung und Naturschutz, über das Spannungsfeld von Fortschritt und Tradition nachzudenken.

landscape, on the other—took on a new relevance through newly founded and often bureaucratic institutions dedicated to conserving nature, monuments, and heritage and through the increase in hiking tourism. The landscape thus had to be declared worthy of protection and set apart from the context of its utilization, while at the same time the exploitation of the land, as a renewable and non-renewable resource, continued.

Otto Arnold's botanical photographs are imbued with the idea of natural conservation. They form a natural historical register documenting the flora in the landscape of the Hauberg forests, mines, and smelters. Today these and other photographic motifs by Arnold invite us to contemplate the interrelationship between landscape and economy, the sustainable use of resources and nature conservation, and the tension between progress and tradition.

Eva Schmidt

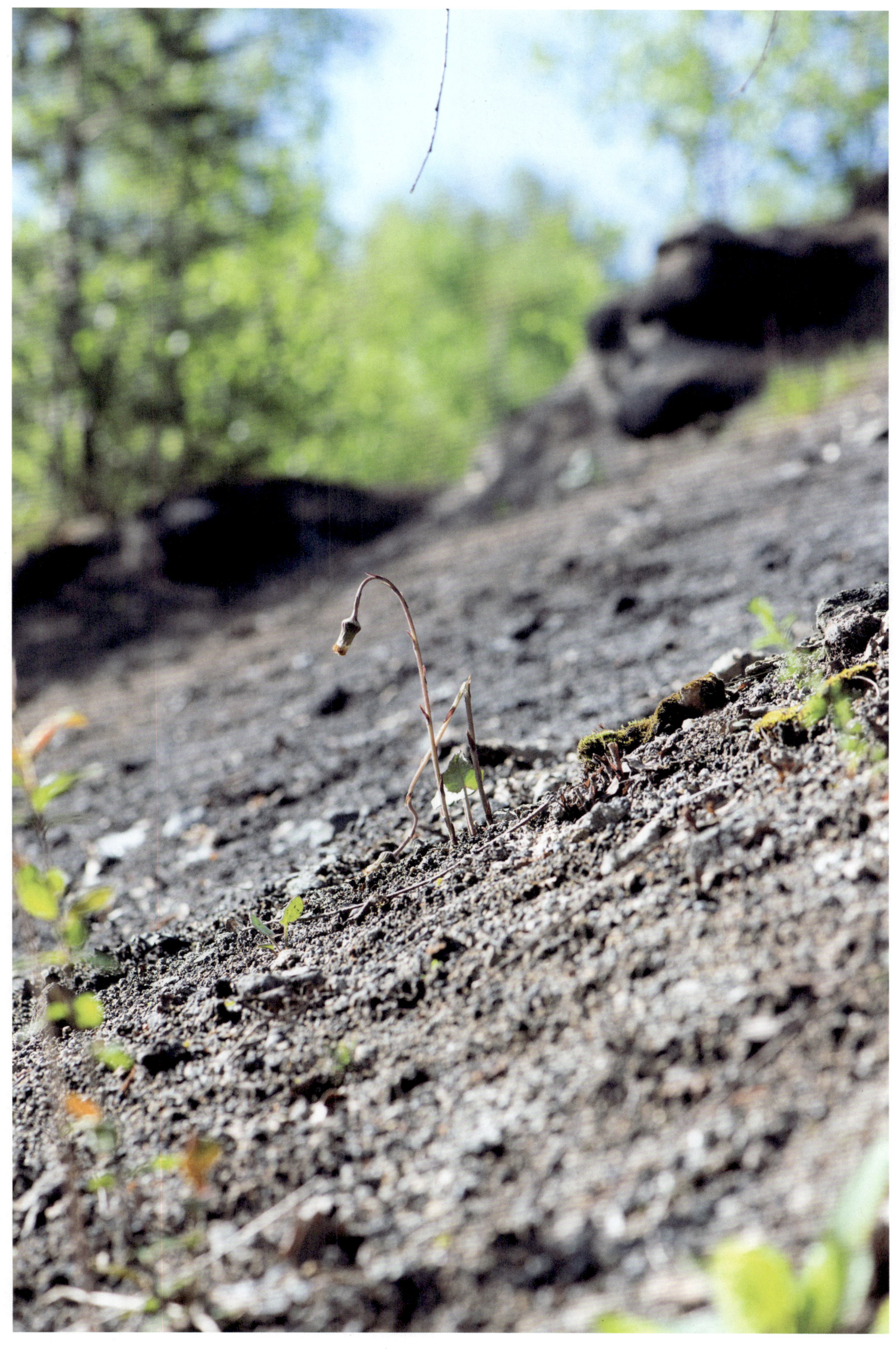

Löwenzahn
(*Taraxacum officinale*)

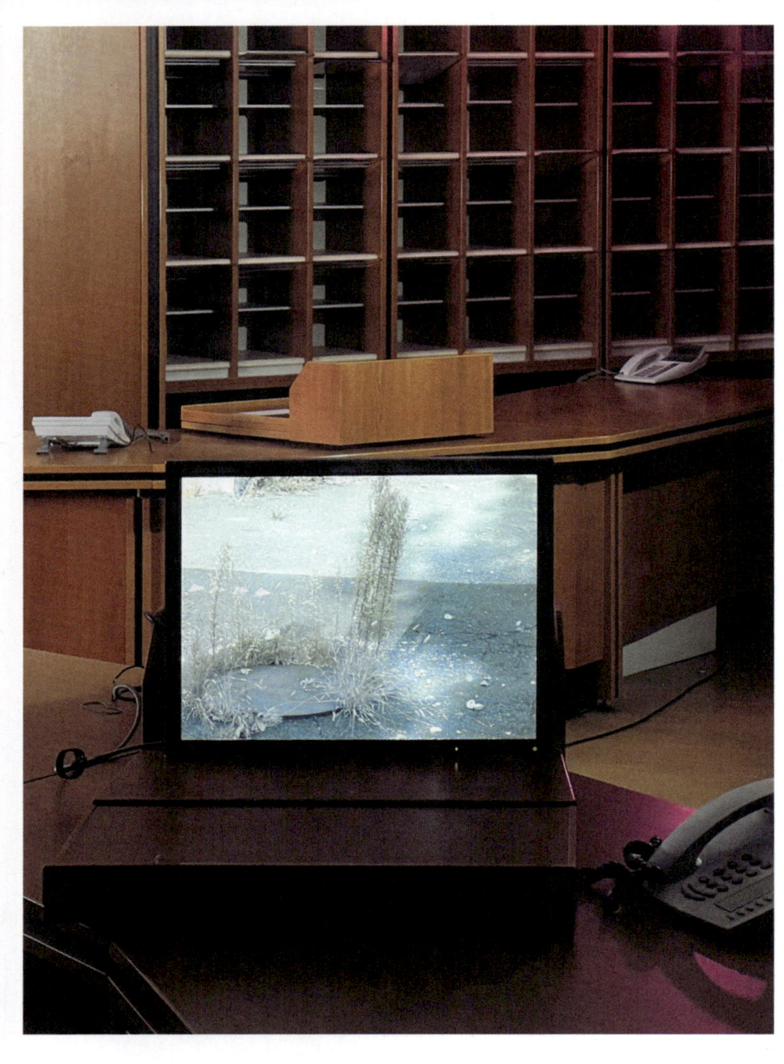

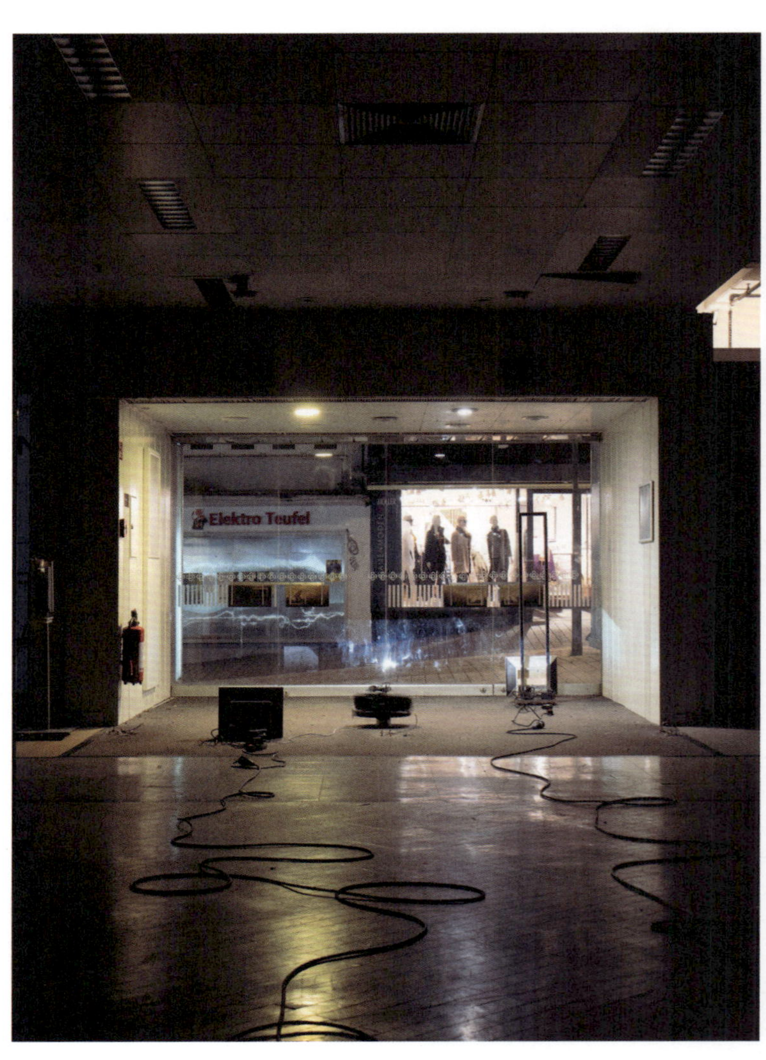

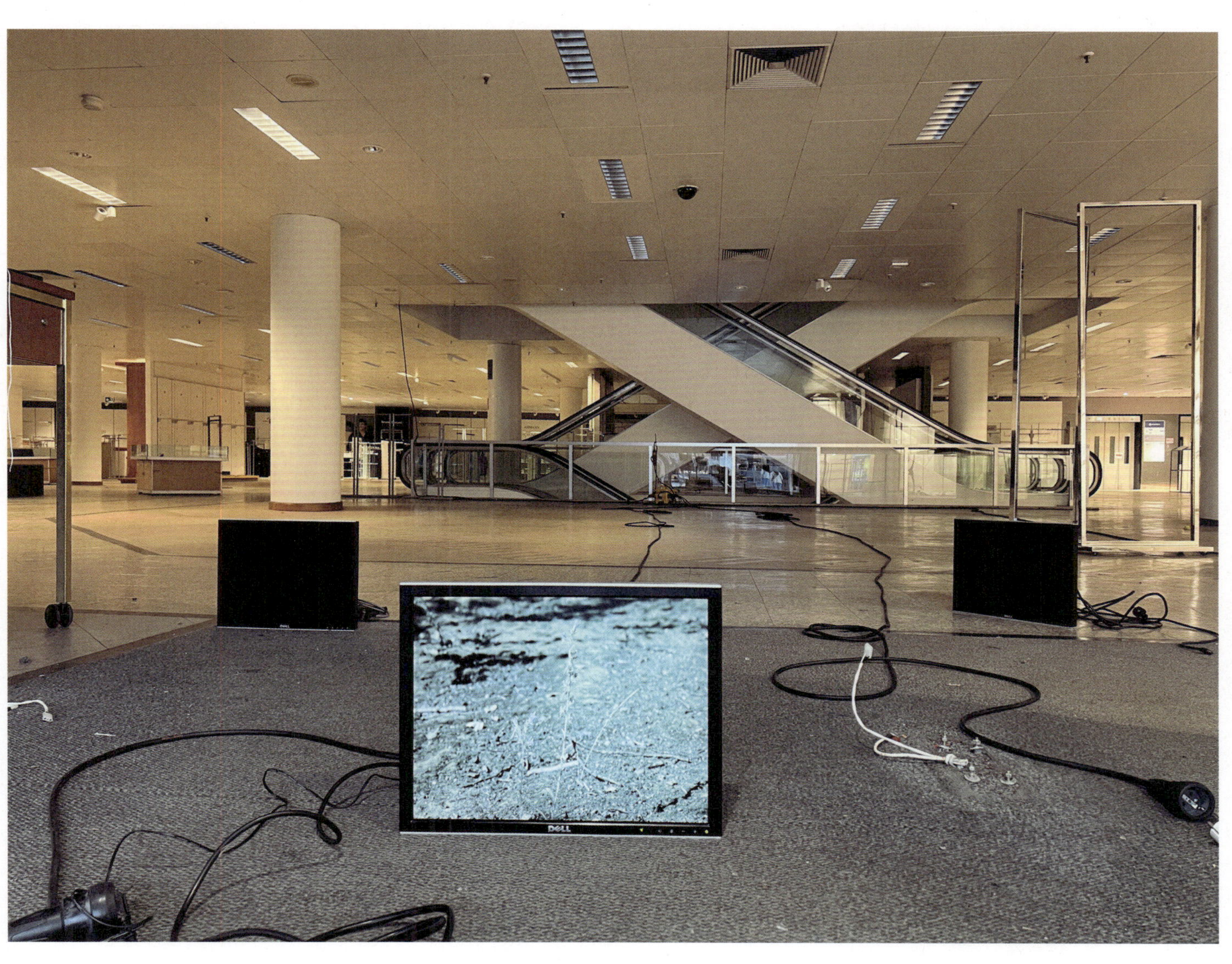

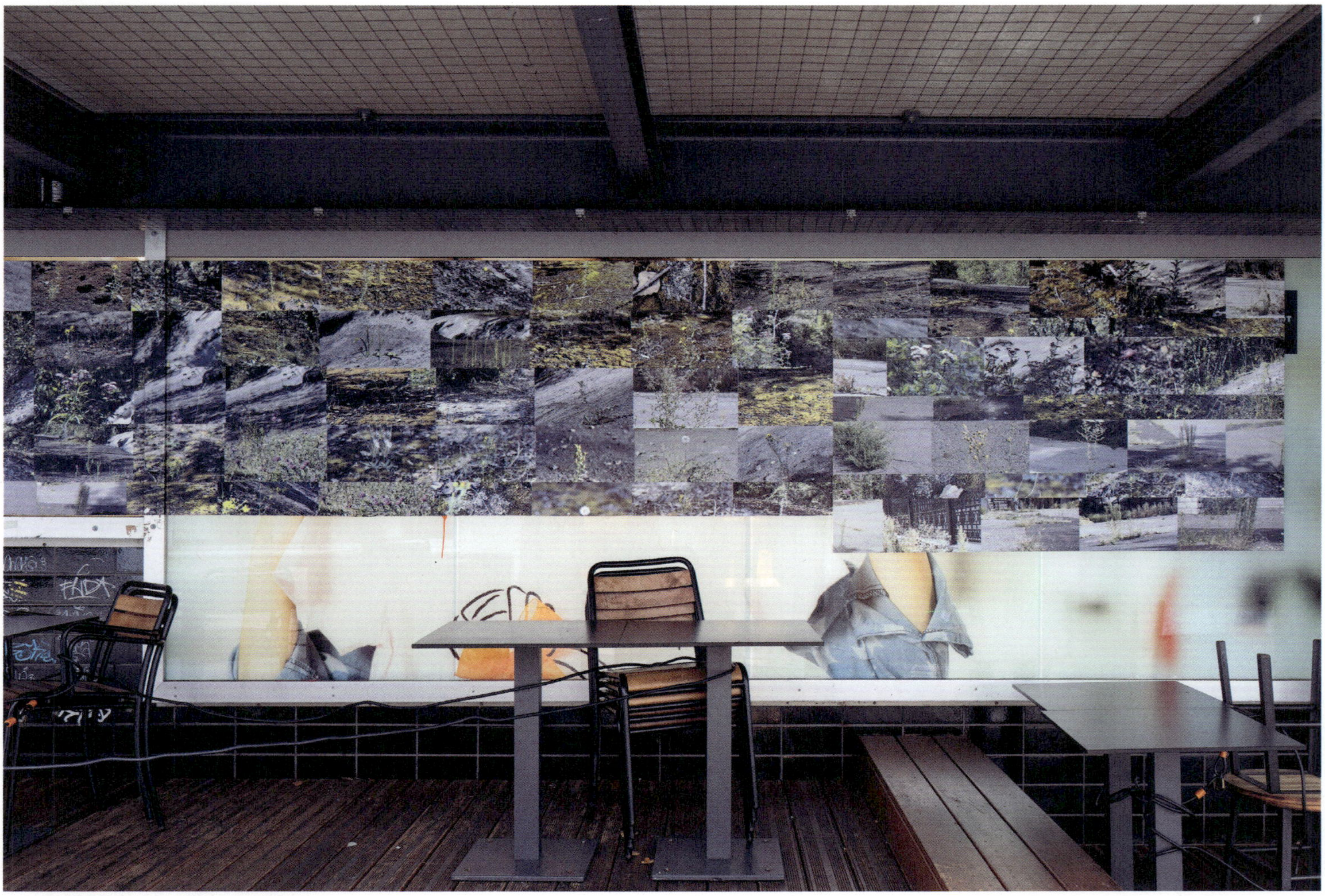

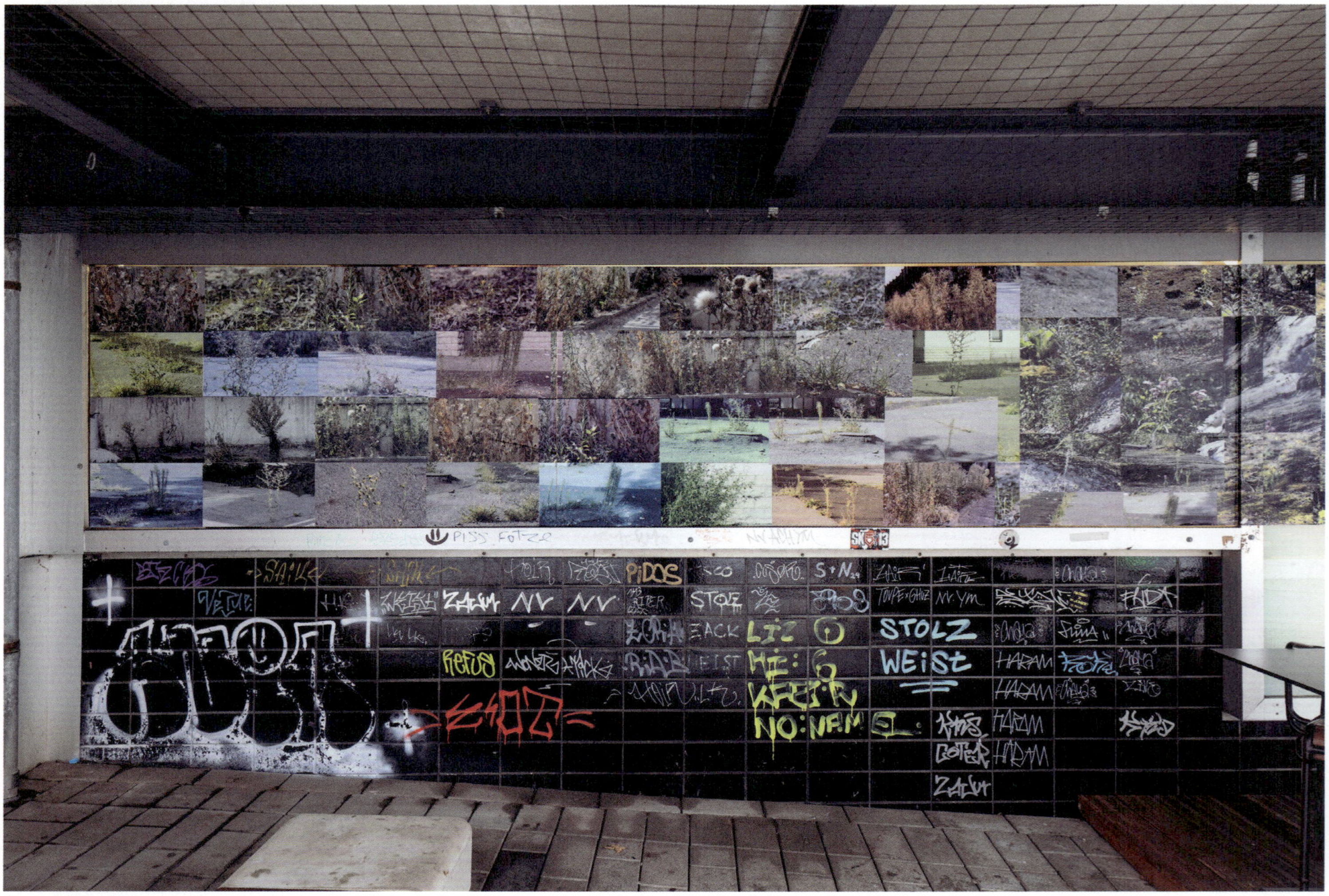

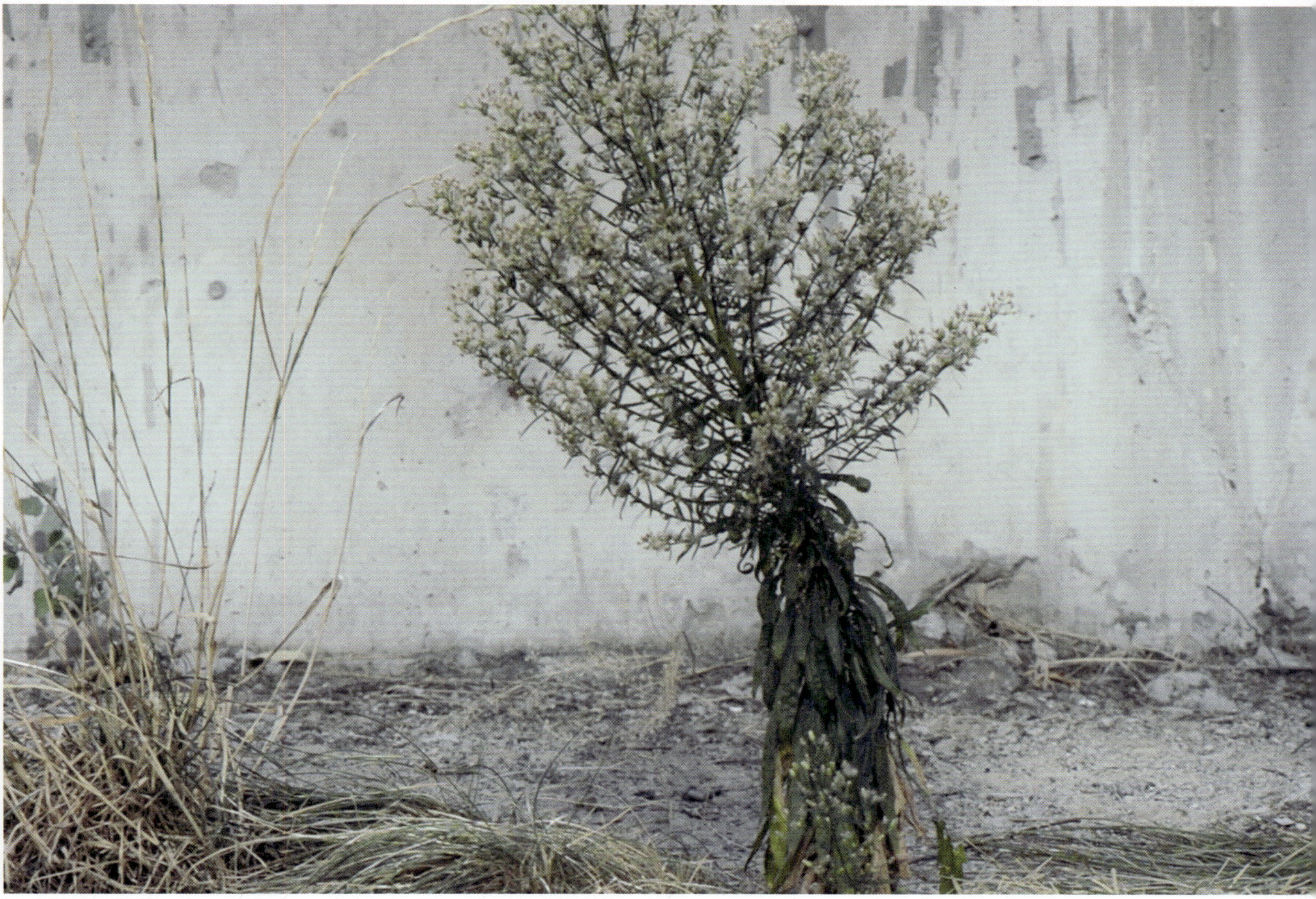

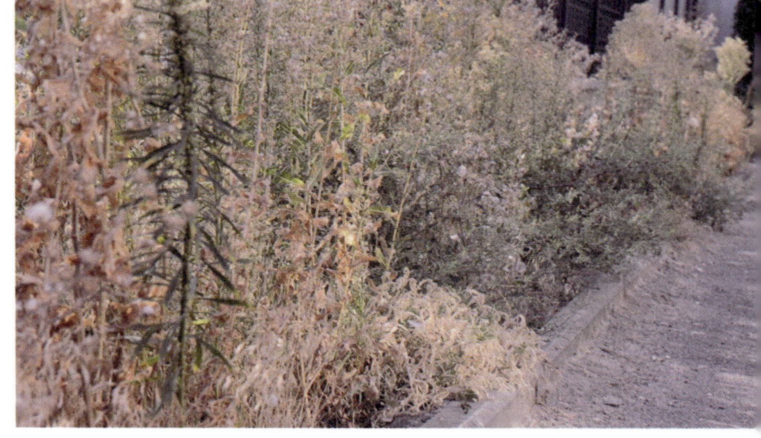

Zalizoryzia leben im Jahr 2024 in der vom Krieg zerstörten Stadt Charkiw. Zalizoryzia ernähren sich von den Geschichten, die unter den Trümmern begraben sind. Jedes Zittern in ihrem Myzelnetzwerk prägt sich in ihr Gedächtnis ein. Als Flora und Maschinerie zugleich geben sie ein leises unterirdisches Stöhnen von sich – ein fernes Echo einstürzender Gebäude.

Zalizoryzia live in the war-torn city of Kharkiv in the year 2024. Zalizoryzia feed on the stories buried in the rubble. Every tremor in their mycelial network is etched in their memory. Both flora and machinery, the emit a low subterranean moan—a distant echo of collapsing structures.

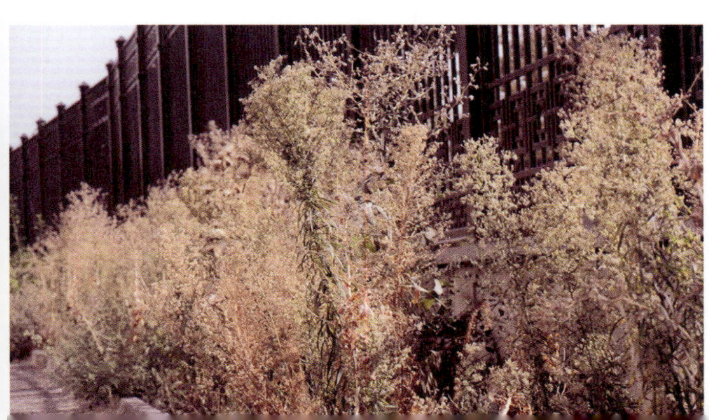

Aleksander Komarov,
"Zalizoryzia"

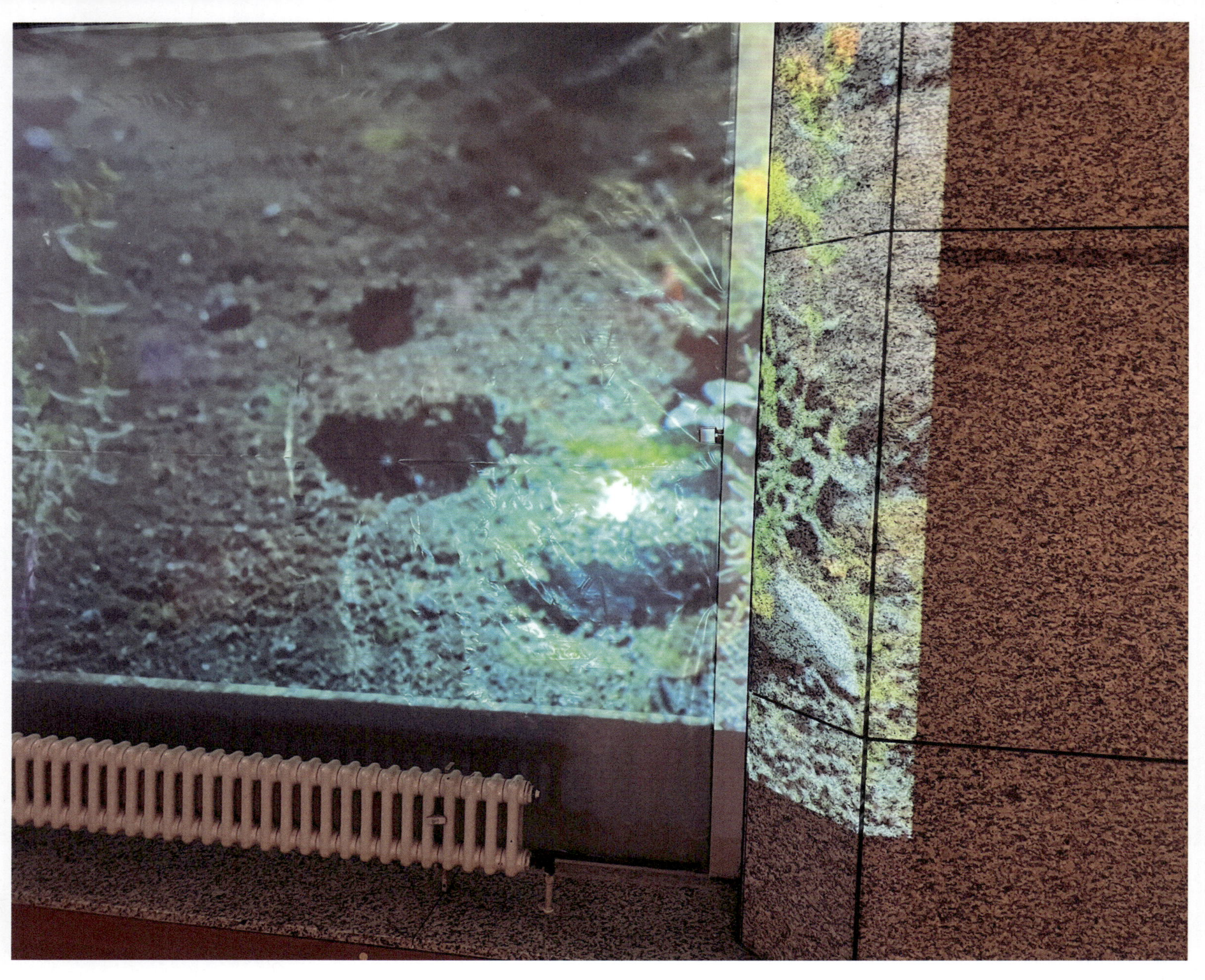

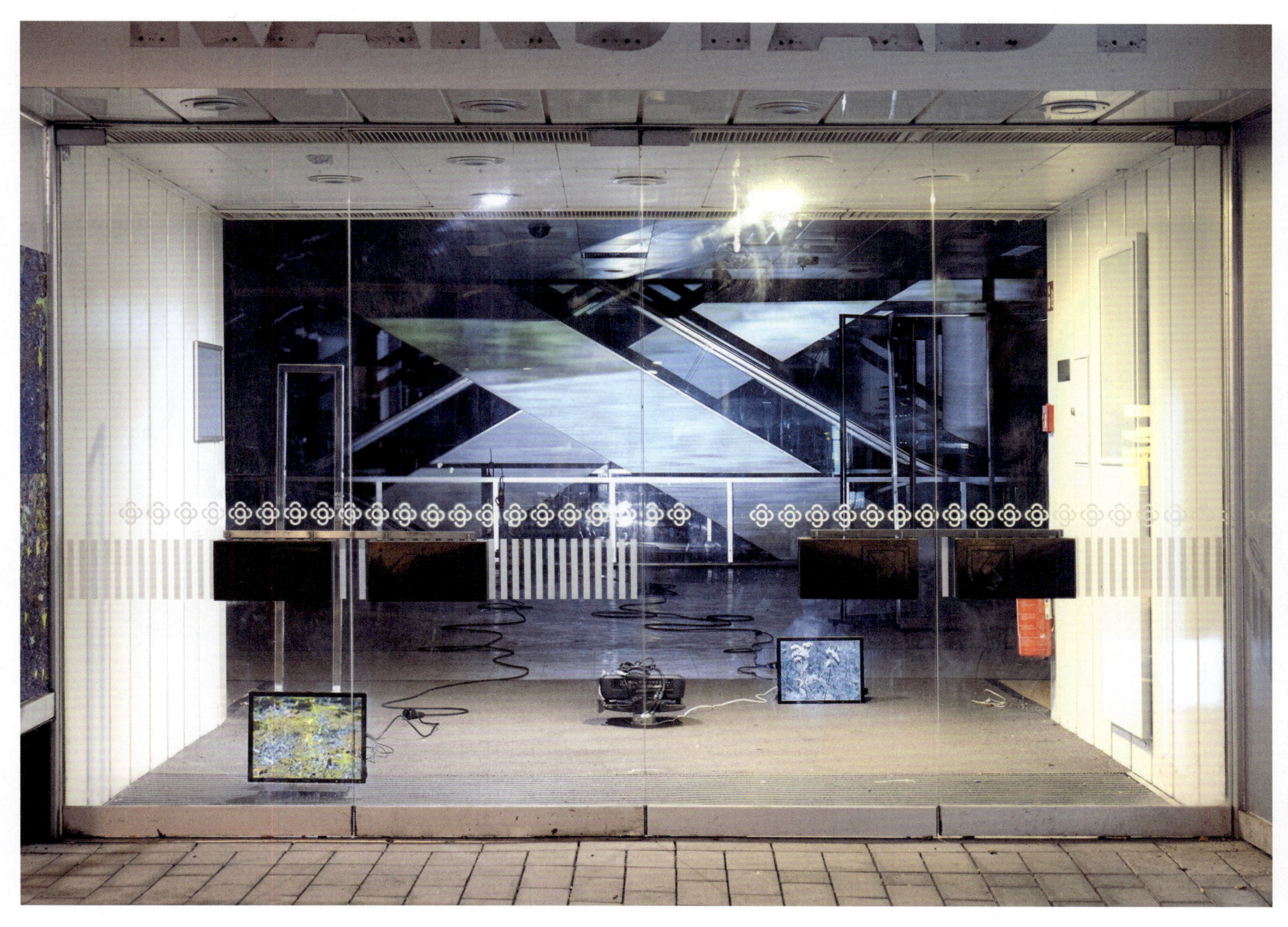

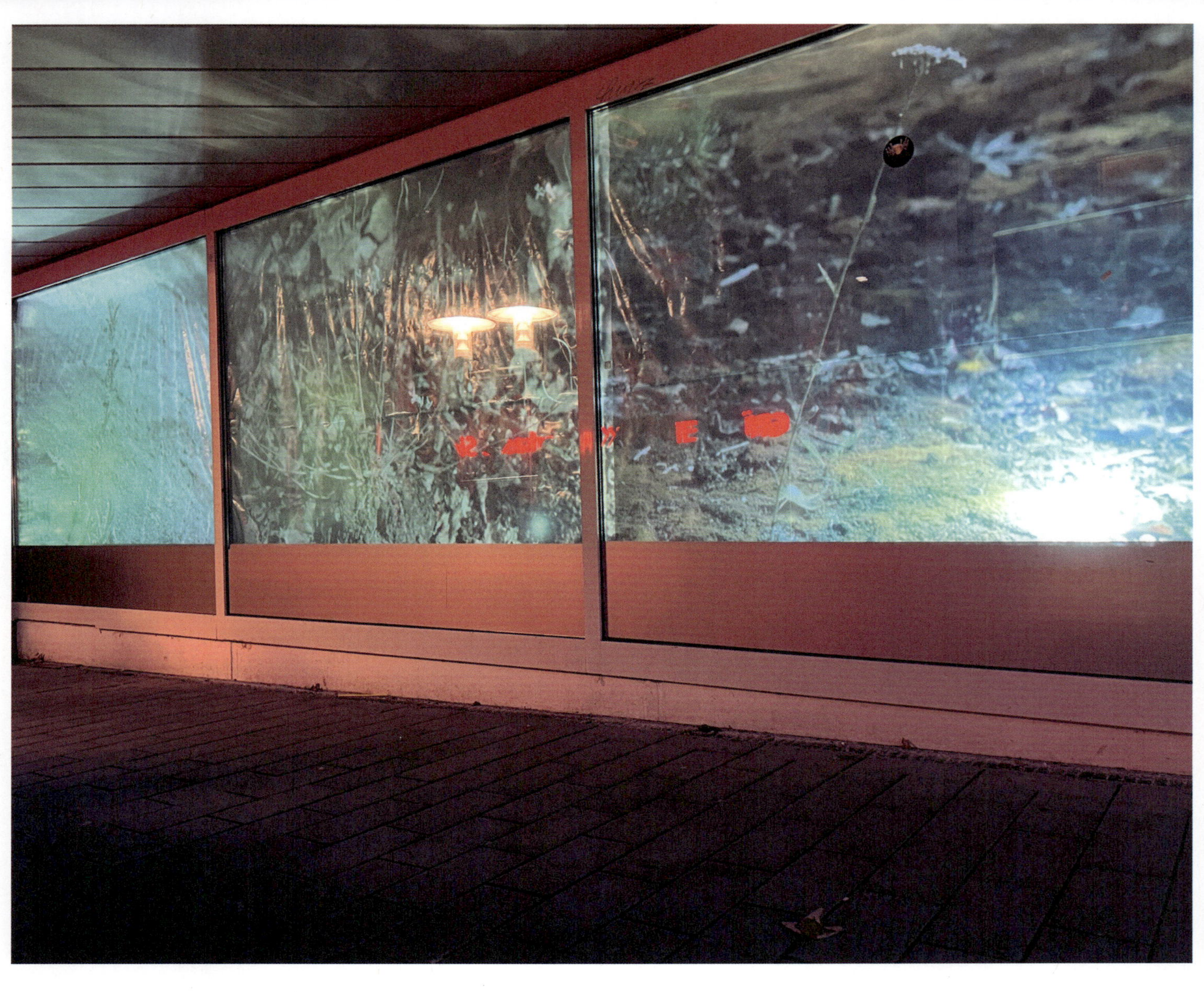

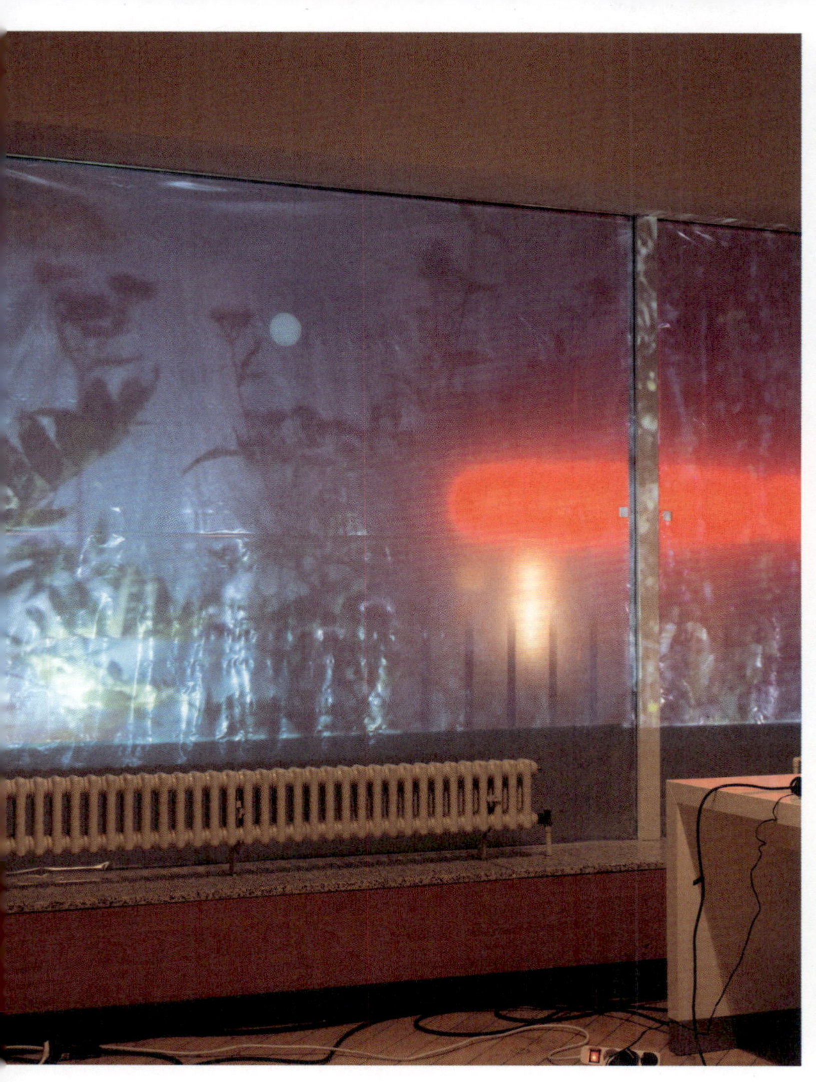 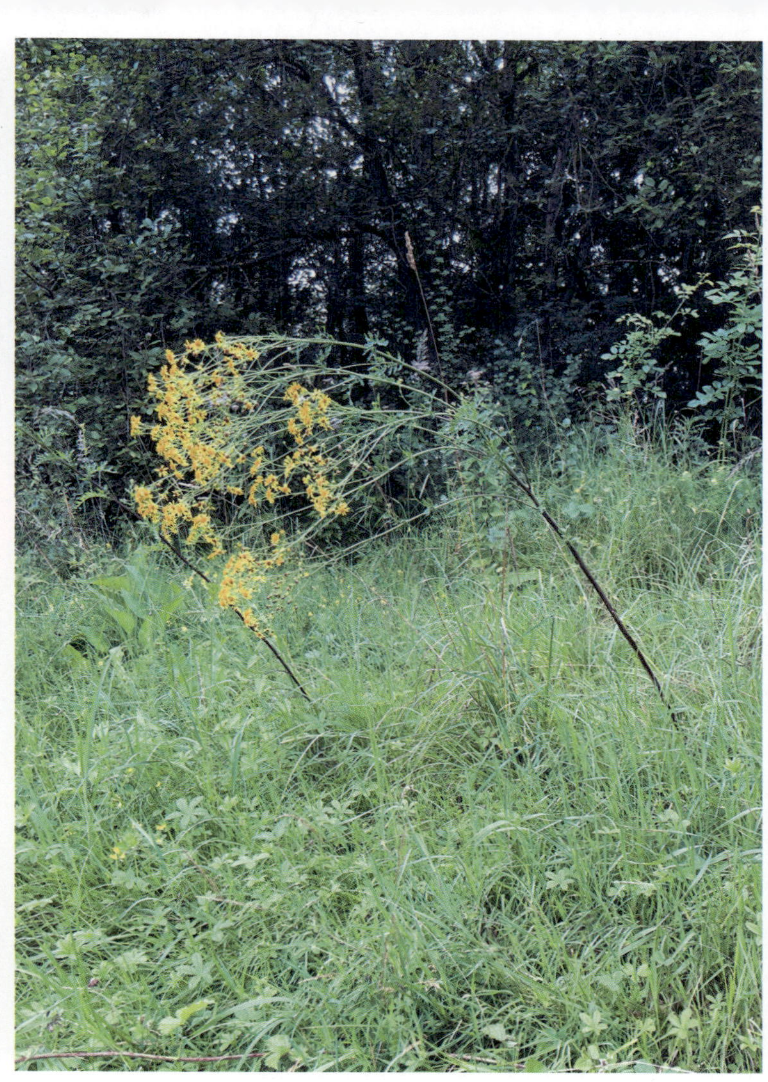

Jakobs-Greiskraut
(*Jacobaea vulgaris*)

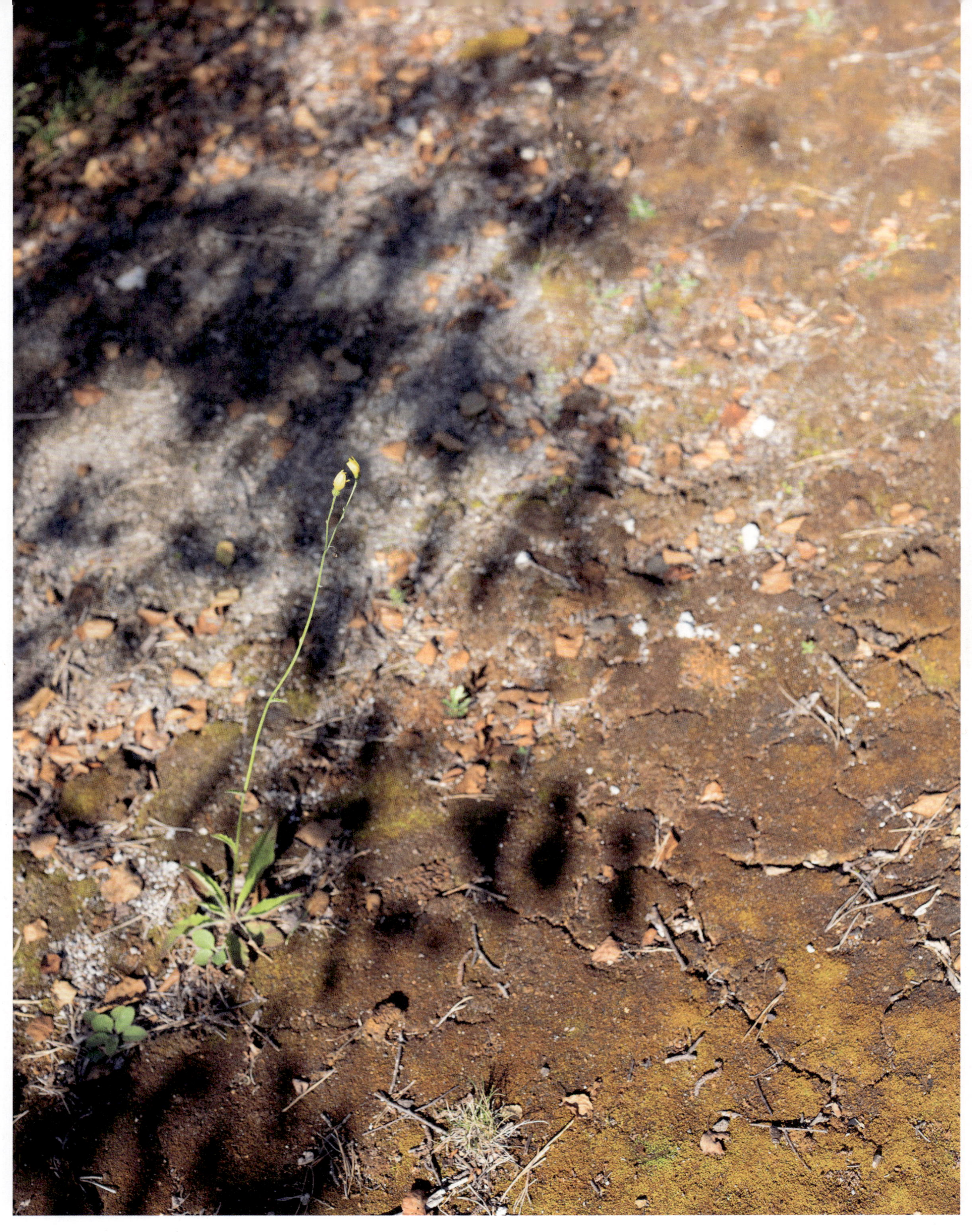

Geöhrtes Habichtskraut
(*Hieracium lactucella*)

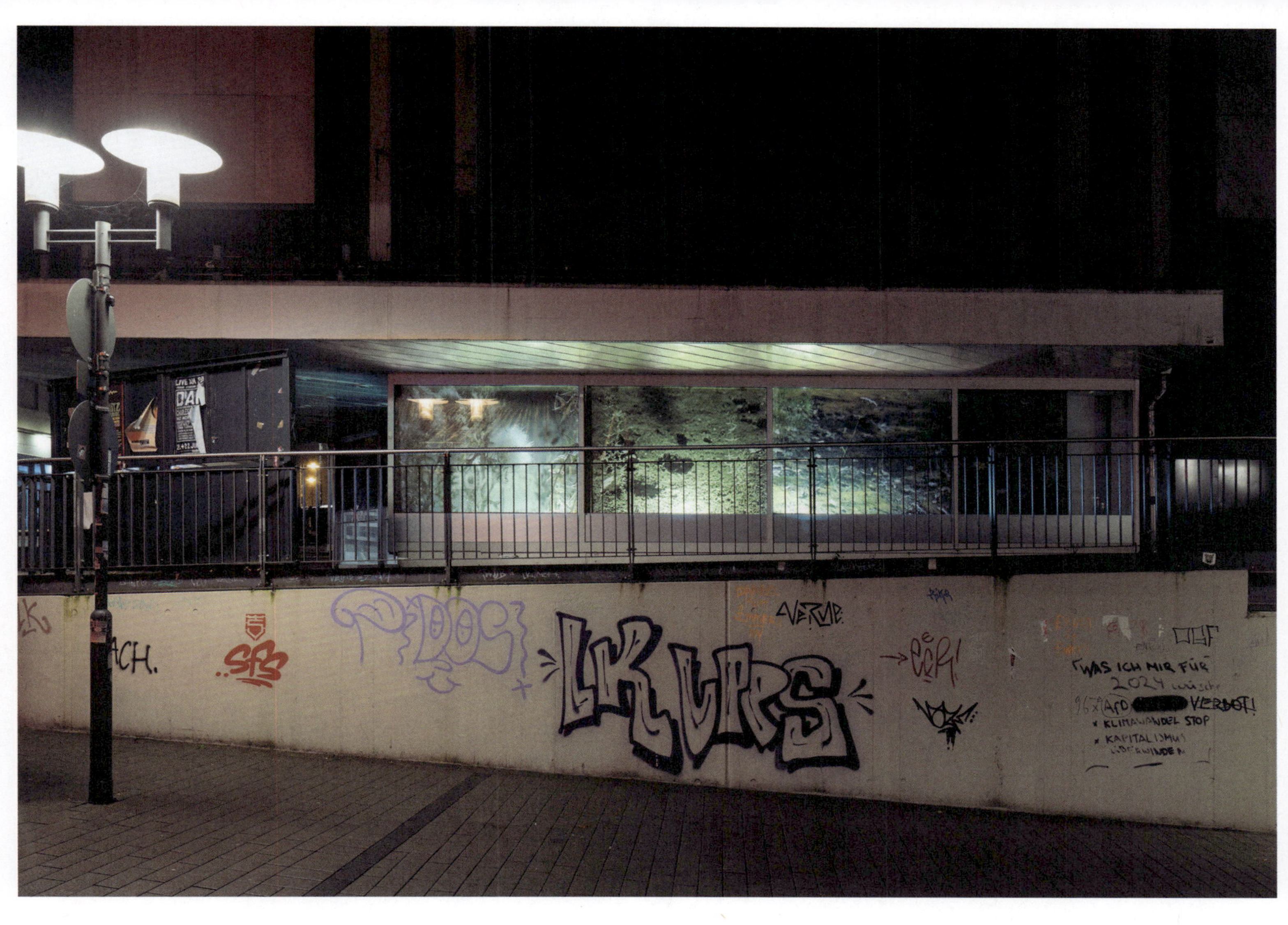

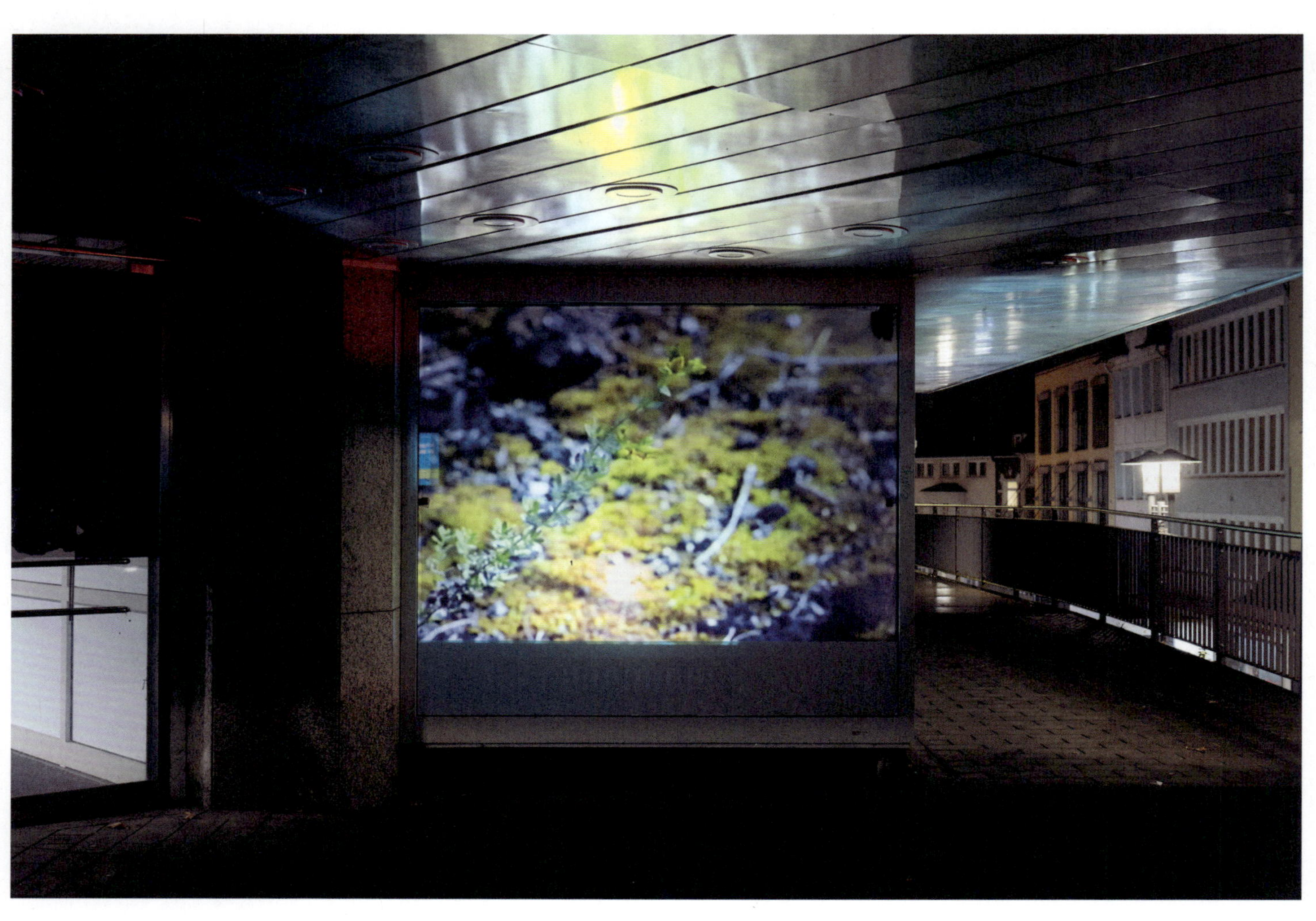

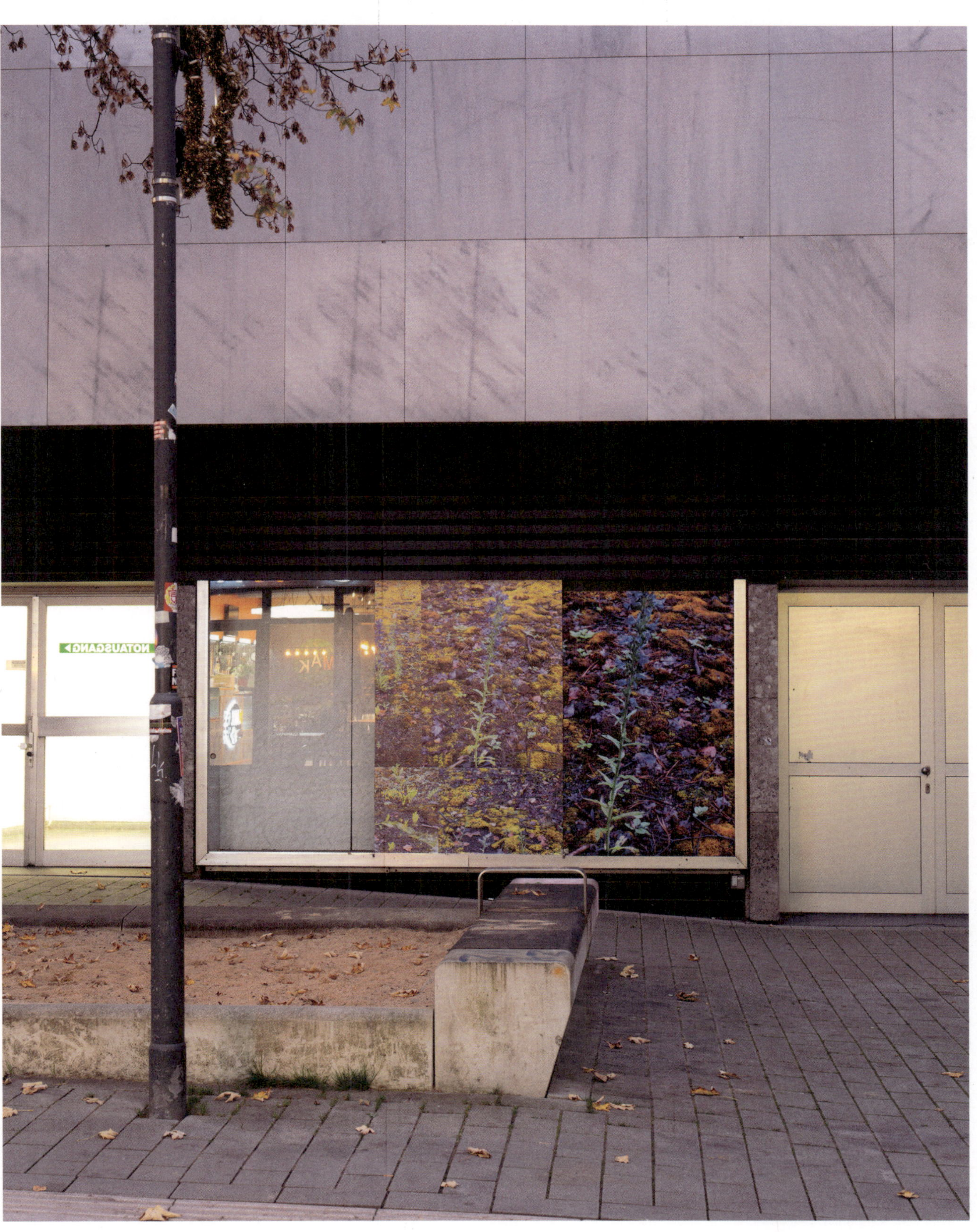

NOTAUSGANG

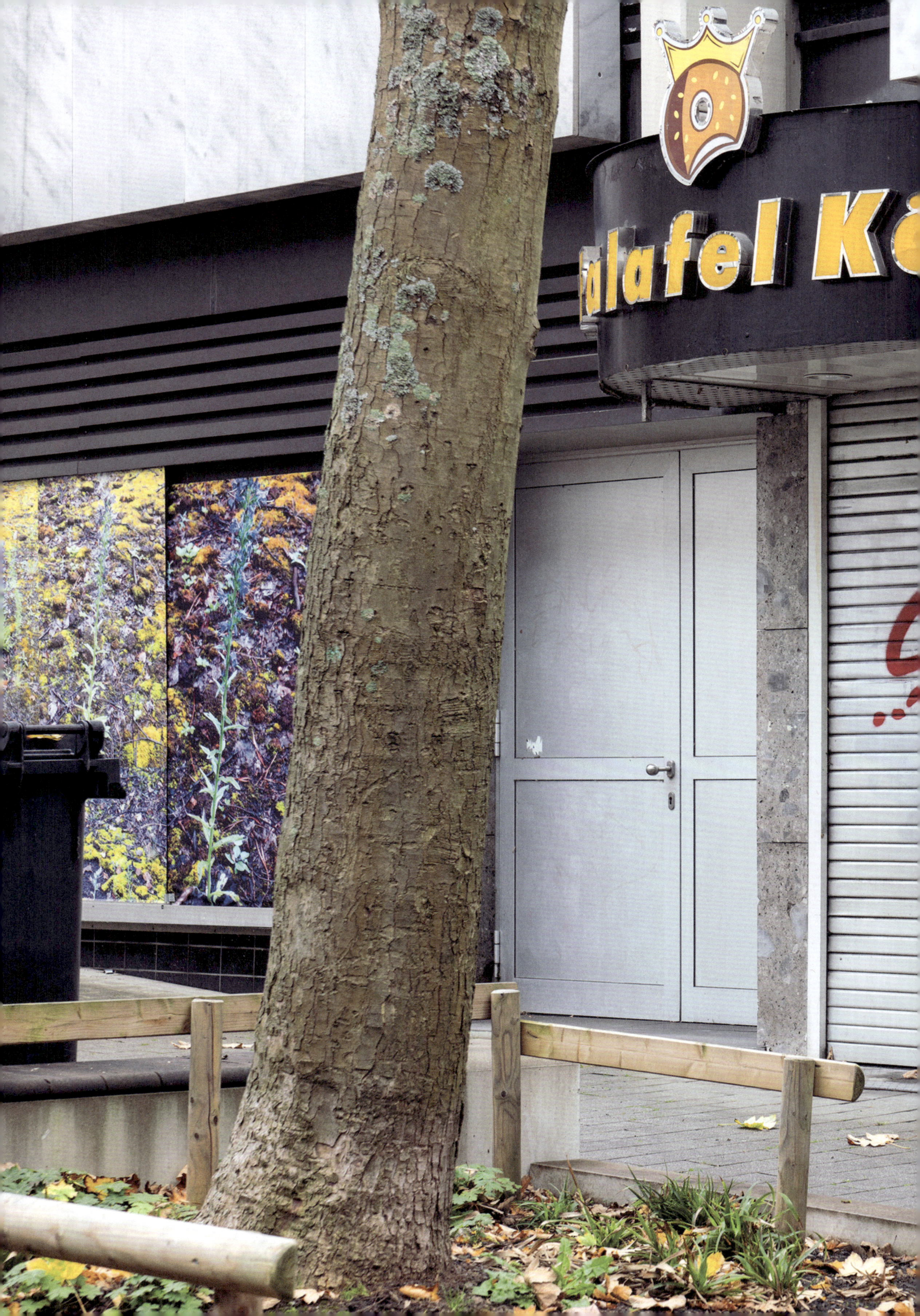

alafel Kö

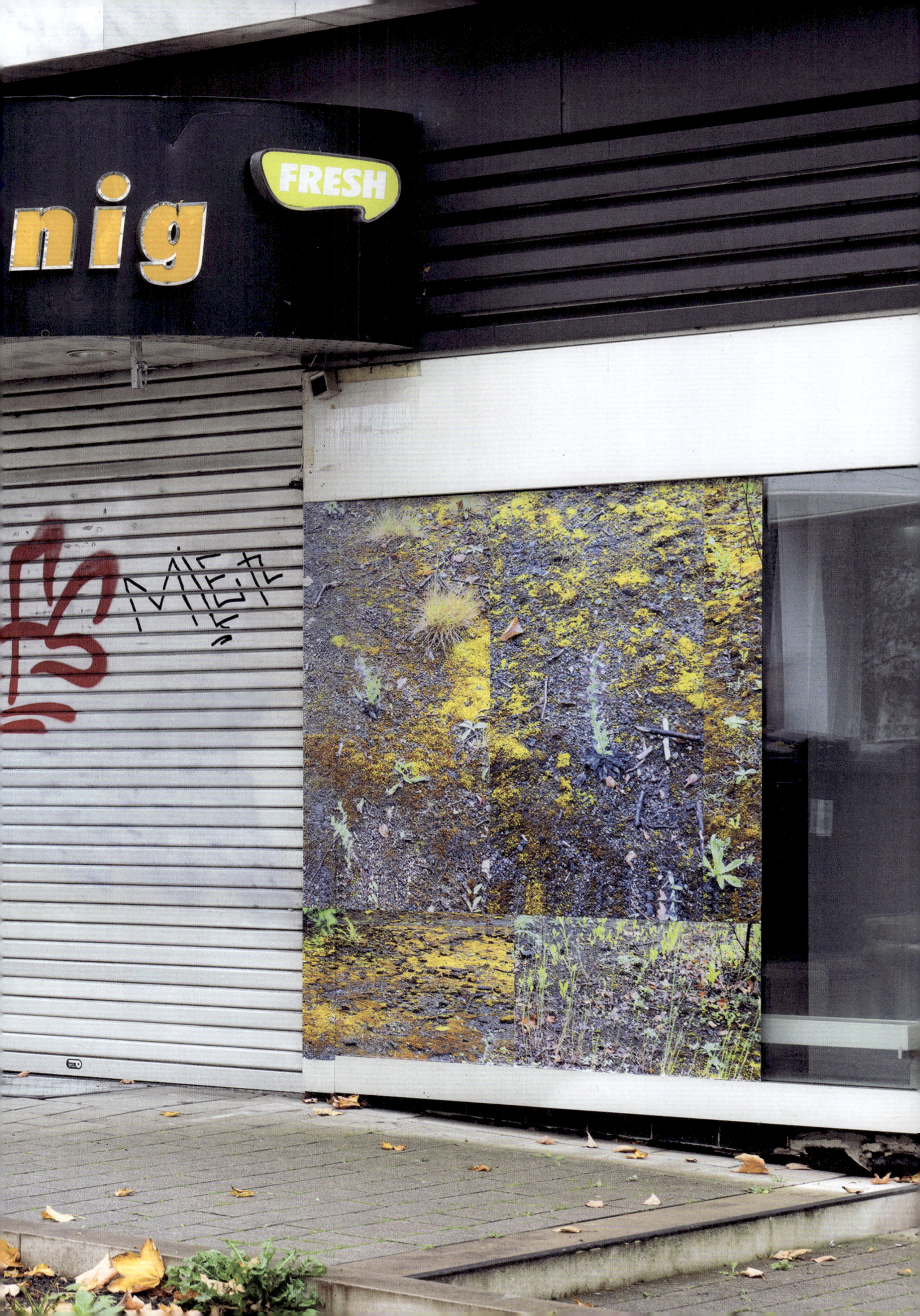

nig
FRESH

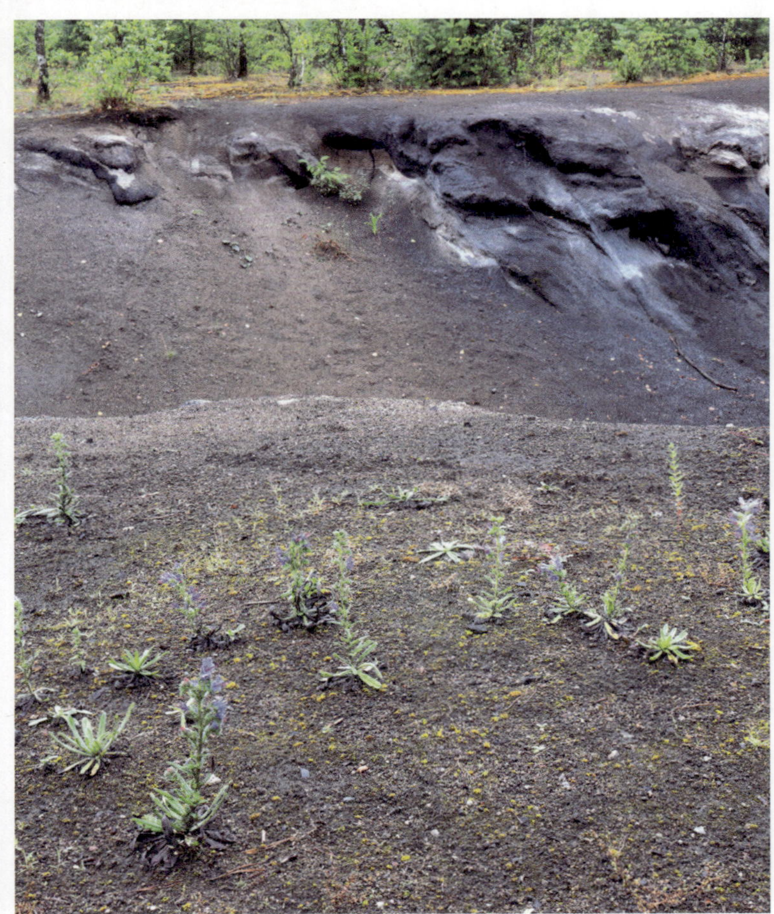

Gemeiner Natternkopf
(*Echium vulgare*)

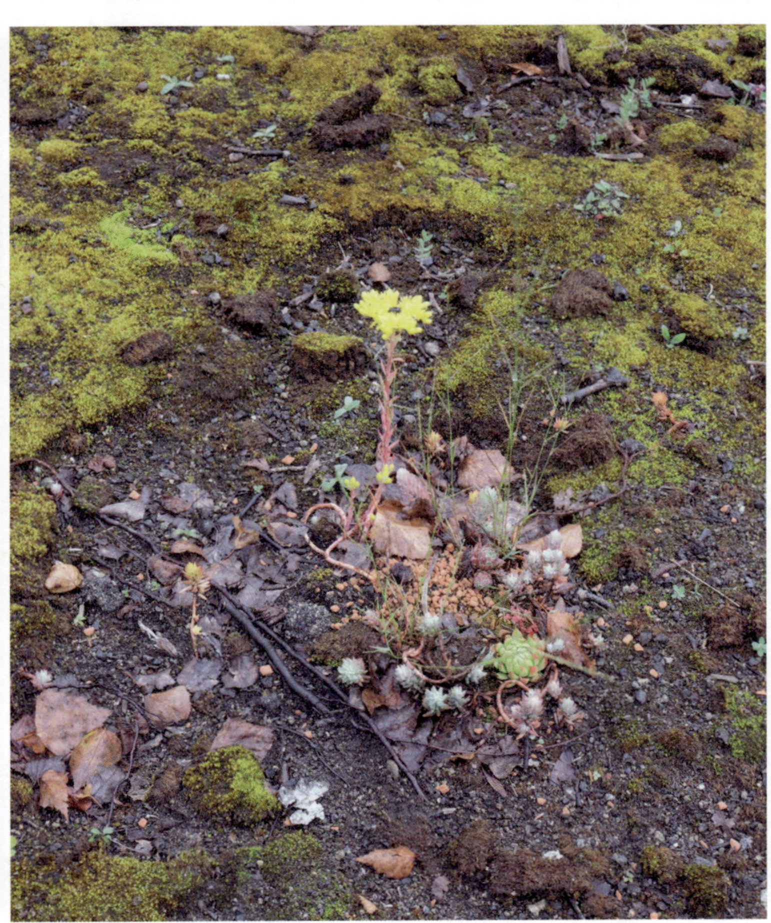

Scharfer Mauerpfeffer
(*Sedum acre*)

**Die Vegetation der Schlackenhalde –
Sukzession seit rund 100 Jahren**

Die Sedimente der Schlackenhalde sind an sich besiedlungsfeindlich, da die Konzentration giftiger Schwermetalle erhöht ist und ein „Boden" zur Besiedlung erst einmal nicht zur Verfügung steht. Dies ist bis heute auf den steilen, besonnten Flanken der Halde so, in denen bis auf wenige Vegetationsinseln nur die nackte Schlacke zu Tage tritt.

Allerdings gibt es neben dem „Fujiyama-ähnlichen" Schlackenkegel auch eine ebene Terrasse und weniger geneigte Flanken, auf denen ein Staubanflug nicht gleich vom nächsten Regen weggeschwemmt wird. In diesen Bereichen konnte sich durch Ausbreitungseinheiten von Luftalgen, Cyanobakterien und Moosen eine erste biologische Kruste etablieren. Solche Krusten kann man auf dem Schlackenplateau beobachten. Hier bilden kleine Erdmoose (*Tortella spp.*, *Bryum spp.*, *Barbula convoluta*, *Dicranoweisia crispula* u.v.a.) niedrige, dichte Polster, in denen sich angewehter Staub ansammeln kann und so einen Rohboden über der Schlacke bildet. In diesem können dann Pionierpflanzen auskeimen und wurzeln, von denen einige als Schwermetallzeiger wie die Haller-Schmalwand (*Arabidopsis halleri*) in offenen, besonnten Bereichen im Frühsommer recht häufig blühend anzutreffen sind. Große Lappen der Hundsflechte (*Peltigera rufescens*) ergänzen regelmäßig die Moospolster und Algenkrusten. Etwa jeweils 40 Moos- und Flechtenarten wurden auf dem Monte Schlacko gefunden.

Bei verbesserten Rohböden stellen sich dann Pioniergehölze ein, v.a. Sal-Weiden, die Karpaten-Birke, Rot-Kiefern und Gemeine Fichte, die – in Bereichen mit niedrigerem Nutzungsdruck – dann dichte Gehölzbestände bilden. Dort, wo die Rohböden durch menschliche Freizeitnutzung (Grillen, Mountainbiking) immer wieder aufgerissen und gestört werden, bleibt die Vegetation lückig.

Viele durch Vögel ausbreitete Beerensträucher keimen in den Gehölzen aus und so finden sich viele Gartensträucher als Verwilderungen auf dem Monte Schlacko: mehrere Zwergmispel-Arten (*Cotoneaster*), sowie Nussbaum, Eberesche und Weißdorn-Arten (*Crataegus spp.*). Vom Wind hergeweht stehen Zitterpappeln, Douglasien, Traubenkirschen und Roteichen zwischen den Pionieren. Die europäische Stechpalme (*Ilex aquifolium*) sticht gerade im Winter mit ihren immergrünen, stacheligen Zweigen hervor und hat „quasi am Monte Schlacko" ihre östliche Verbreitungsgrenze.

In der Schlacke sind noch Reste von zugesetztem Kalk vorhanden, was solche Schlackenhalden zu „Kalk-Inseln" im an sich sehr sauren Schiefergebirge macht. Mehrere Orchideenarten kommen deshalb nur hier vor (Zweiblatt, Nestwurz, zwei Ständelwurz-Arten) und fehlen im übrigen Siegerland.

The Vegetation of the Slag —
Succession over 100 Years

The sediments making up the slag heap are fundamentally hostile to colonization because of their elevated concentration of toxic heavy metals and the lack of "soil" for germination. Today, this is still the case on the steep and sunny slopes of the slag heap, where only the bare slag is visible, except for isolated islands of vegetation.

However, in addition to the "Fujiyama-like" slag cone, there are a flat, terraced area and the less steeply inclined sides of the mound, where dust blown in by the wind does not immediately get washed away by the next rain. In these areas, the first biological crusts have been able to form through propagules of aerial algae, cyanobacteria, and mosses. Such crusts can be observed on the slag plateau. Here, small earth mosses (*Tortella spp.*, *Bryum spp.*, *Barbula convoluta*, and *Dicranoweisia crispula*, among others) form low, dense cushions that can collect windblown dust, creating rudimentary substrates on top of the slag. In this layer, pioneer plants can germinate and take root—some of which are indicators of heavy metals, like the rockcress (*Arabidopsis halleri*), and can be found fairly frequently, blooming in exposed, sunlit areas during early summer. The large thalli of the field dog lichen (*Peltigera rufescens*) regularly complement moss cushions and algae crusts. Some forty respective species of mosses and lichens have been identified on Monte Schlacko.

As the soil substrate improves, pioneer woody plants begin to establish—particularly goat willows, Carpathian birch, Scots pines, and Norway spruces—forming dense timber, in less frequented areas. Vegetation remains patchy, however, in places where these initial soils are repeatedly disturbed by recreational human activity, like cookouts or mountain biking.

Dispersed by birds, many berry bushes germinate in these wooded areas, and thus many garden shrubs can be found in the wild on Monte Schlacko: several species of Cotoneaster, walnut, rowan, and hawthorn (*Crataegus spp.*). Blown in by the wind, aspens, Douglas firs, black cherries, and red oaks grow among the pioneer species. In winter the European holly (*Ilex aquifolium*) is particularly noticeable with its evergreen, spiny branches. Monte Schlacko marks the eastern distribution frontier for this plant.

Remnants of a lime additive are still present in the slag, making these slag heaps "lime islands" in the otherwise highly acidic slate mountains. Several orchid species are therefore found exclusively at this location (such as the common twayblade, *Neottia*, and two species of *Epipactis*), which are absent in the rest of Siegerland.

Michael Schessl

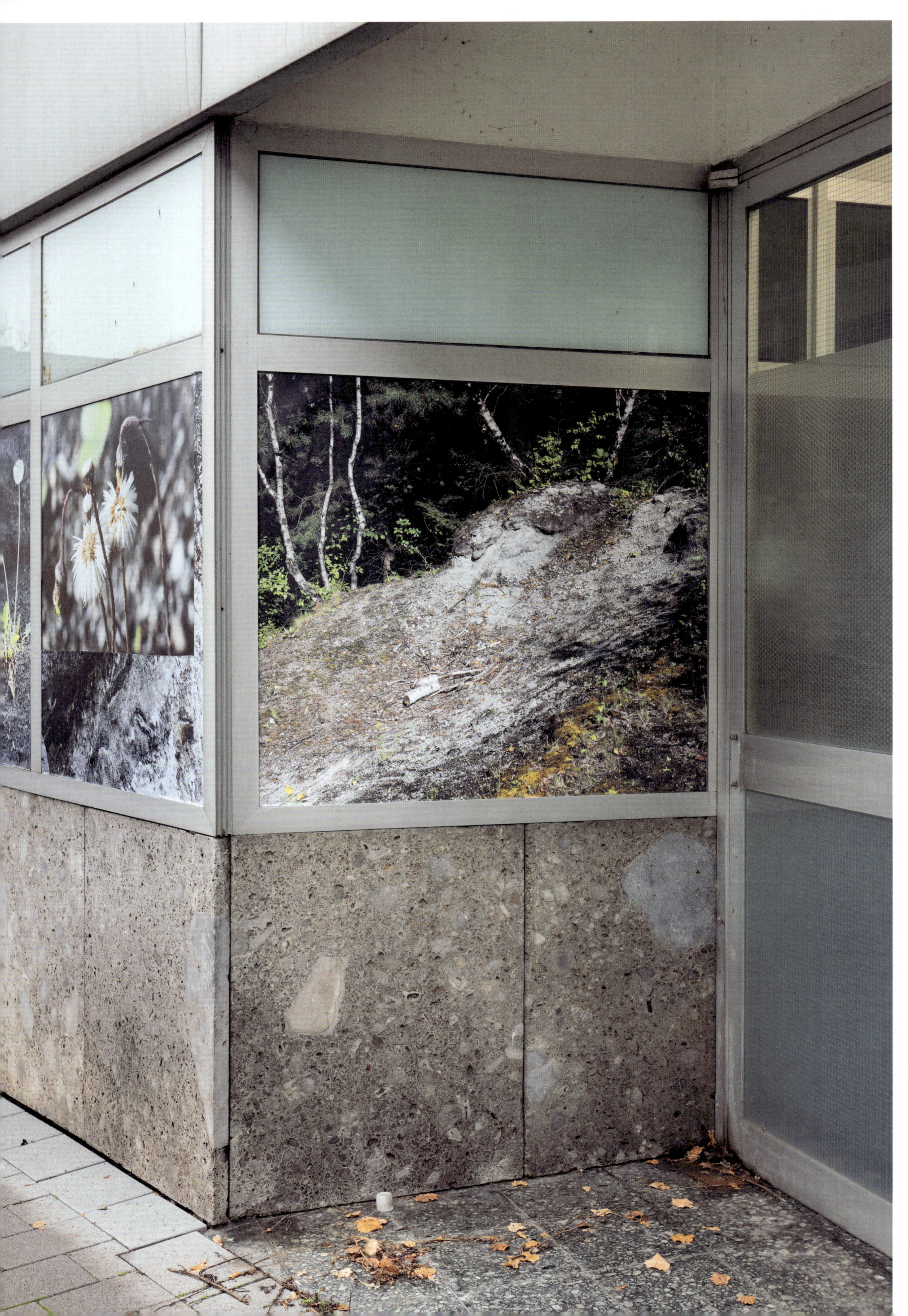

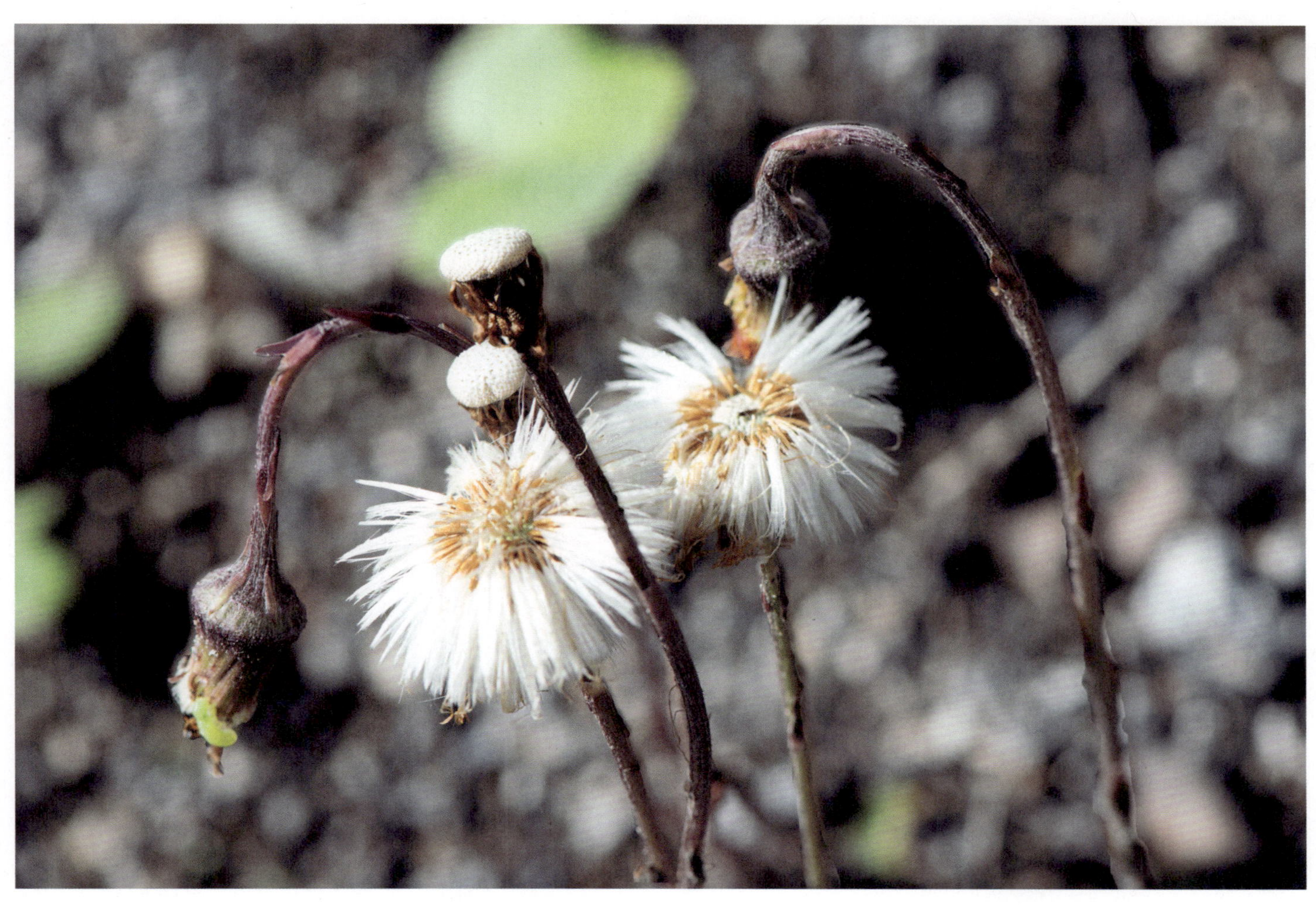

Löwenzahn
(*Taraxacum officinale*)

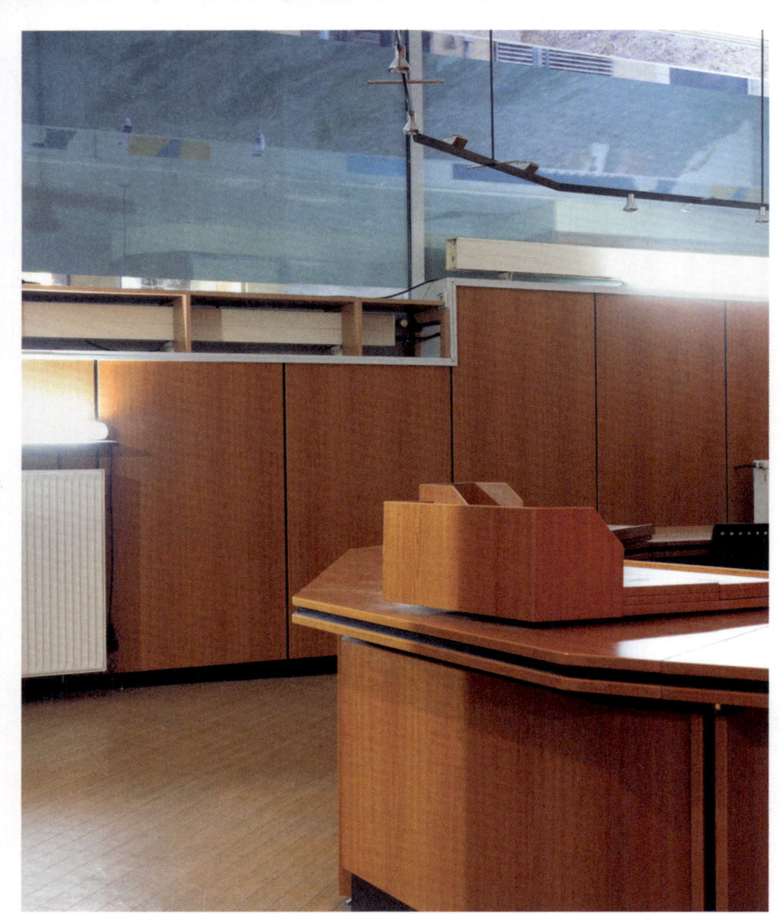 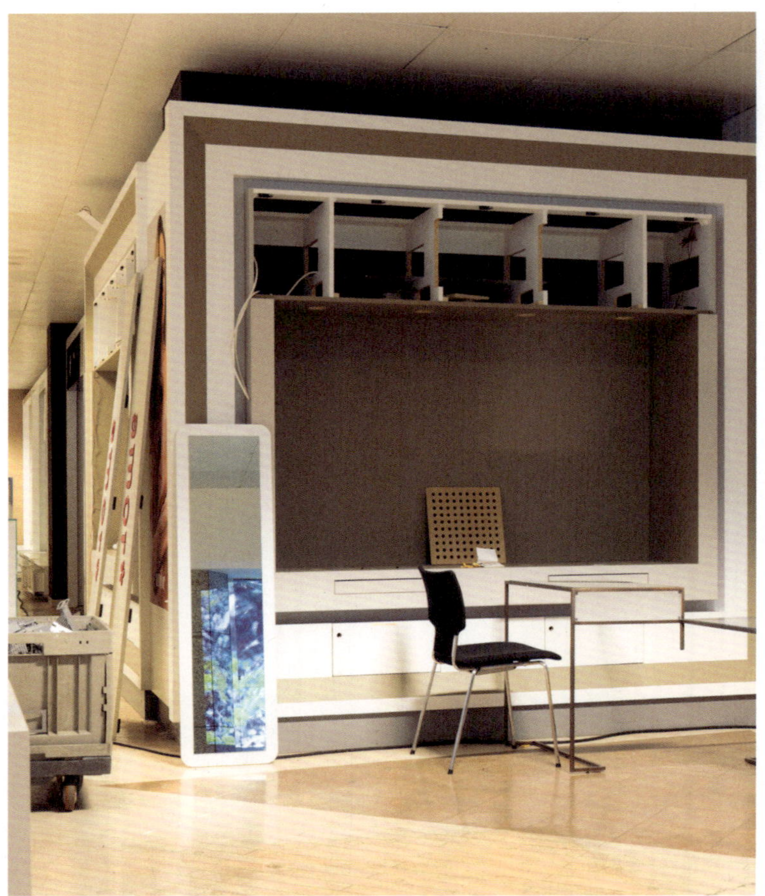

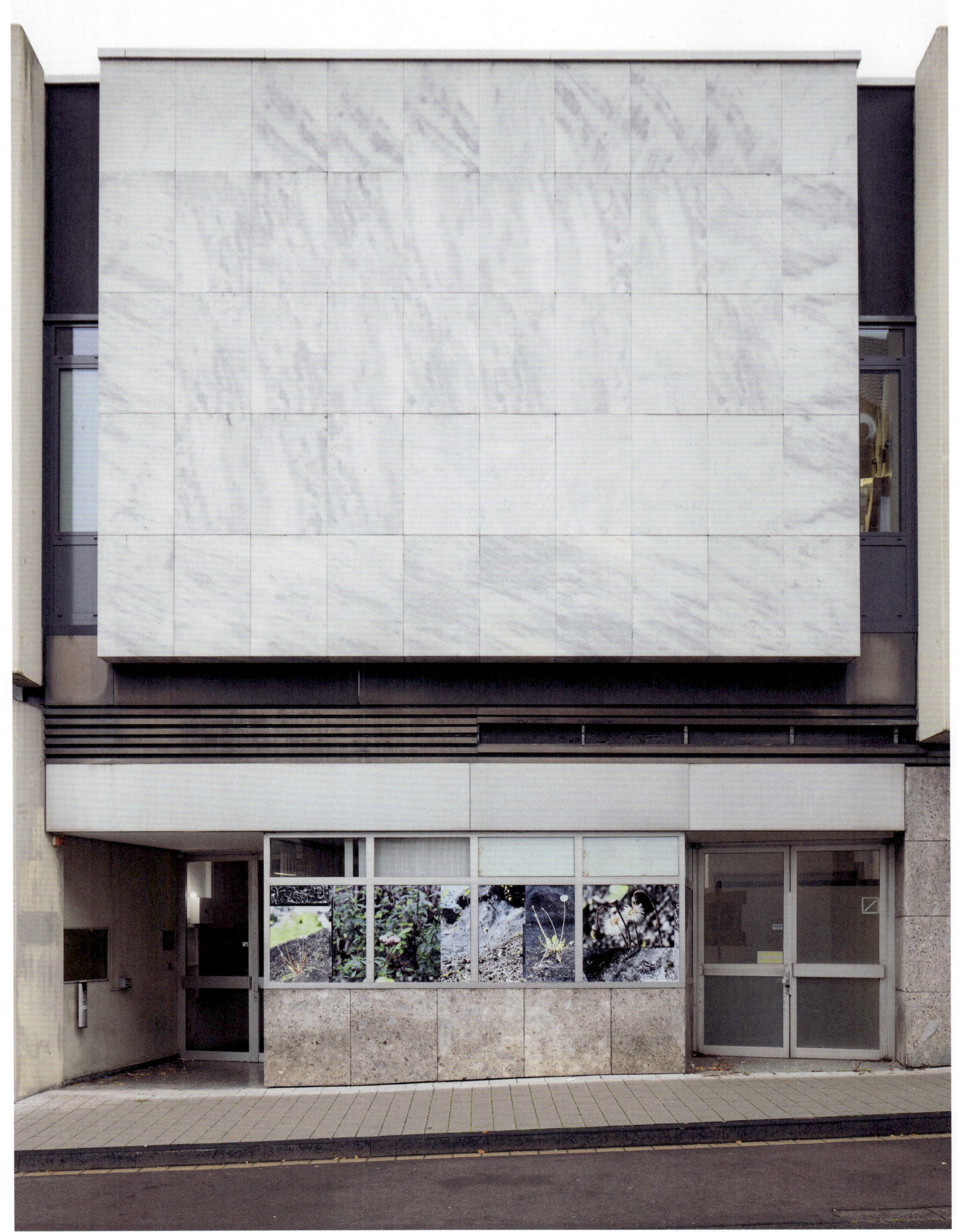

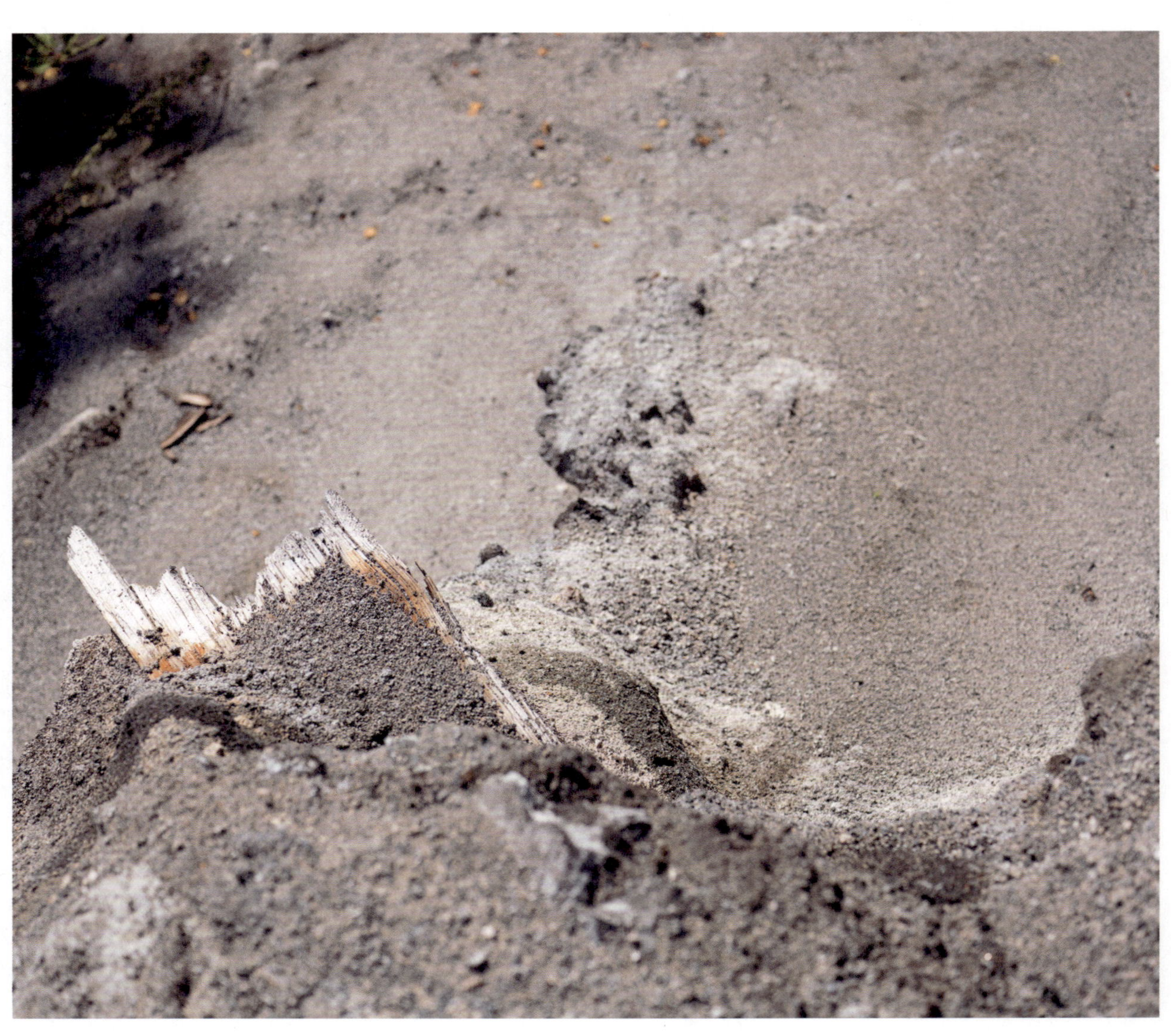

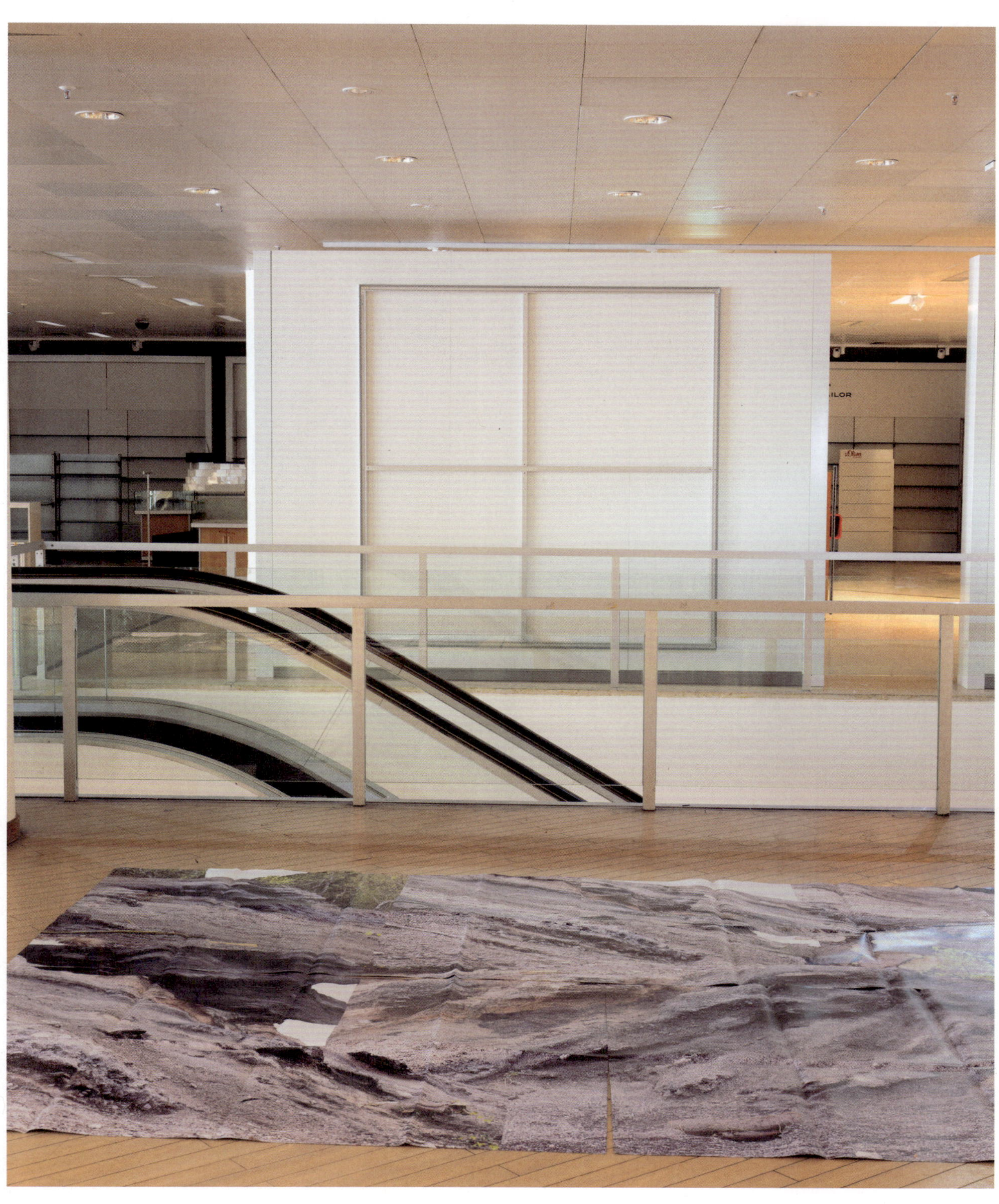

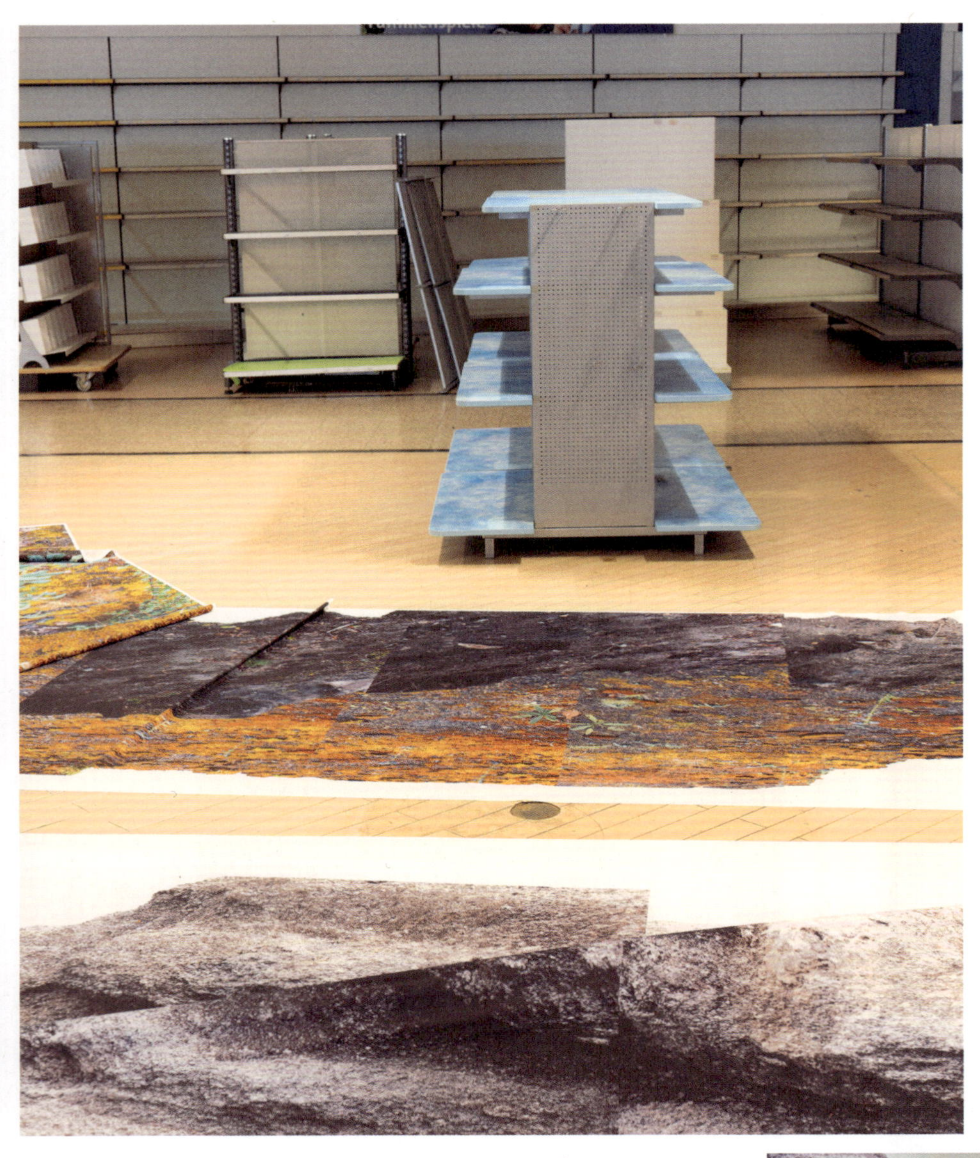

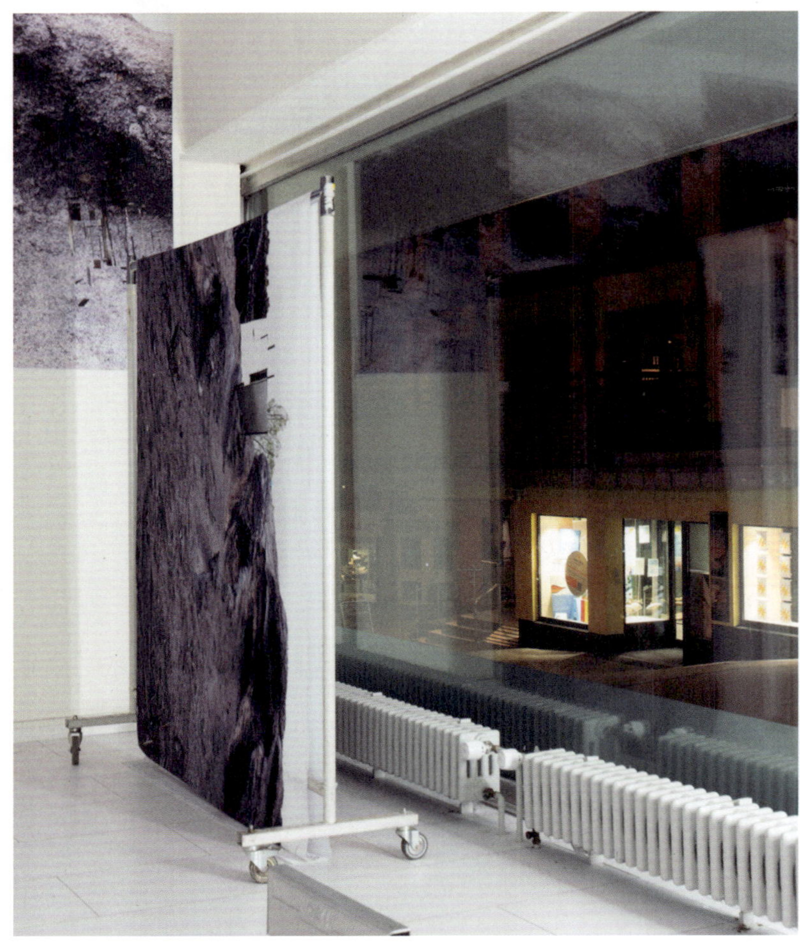

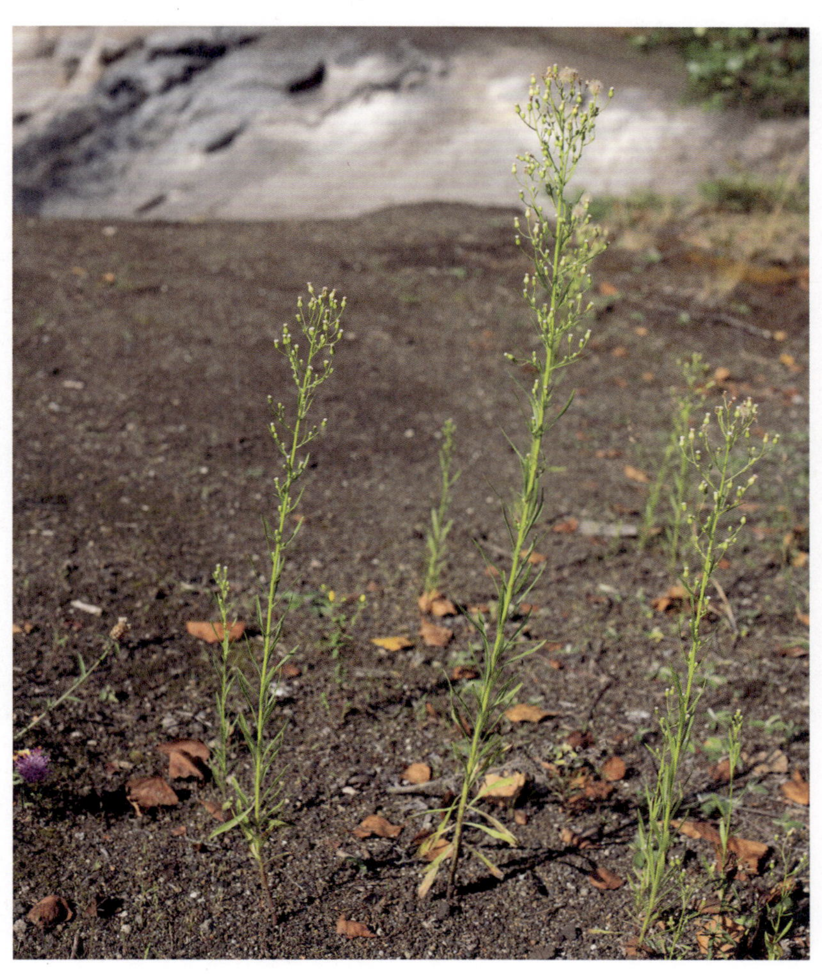

Kanadisches Berufkraut
(*Conyza canadensis*)

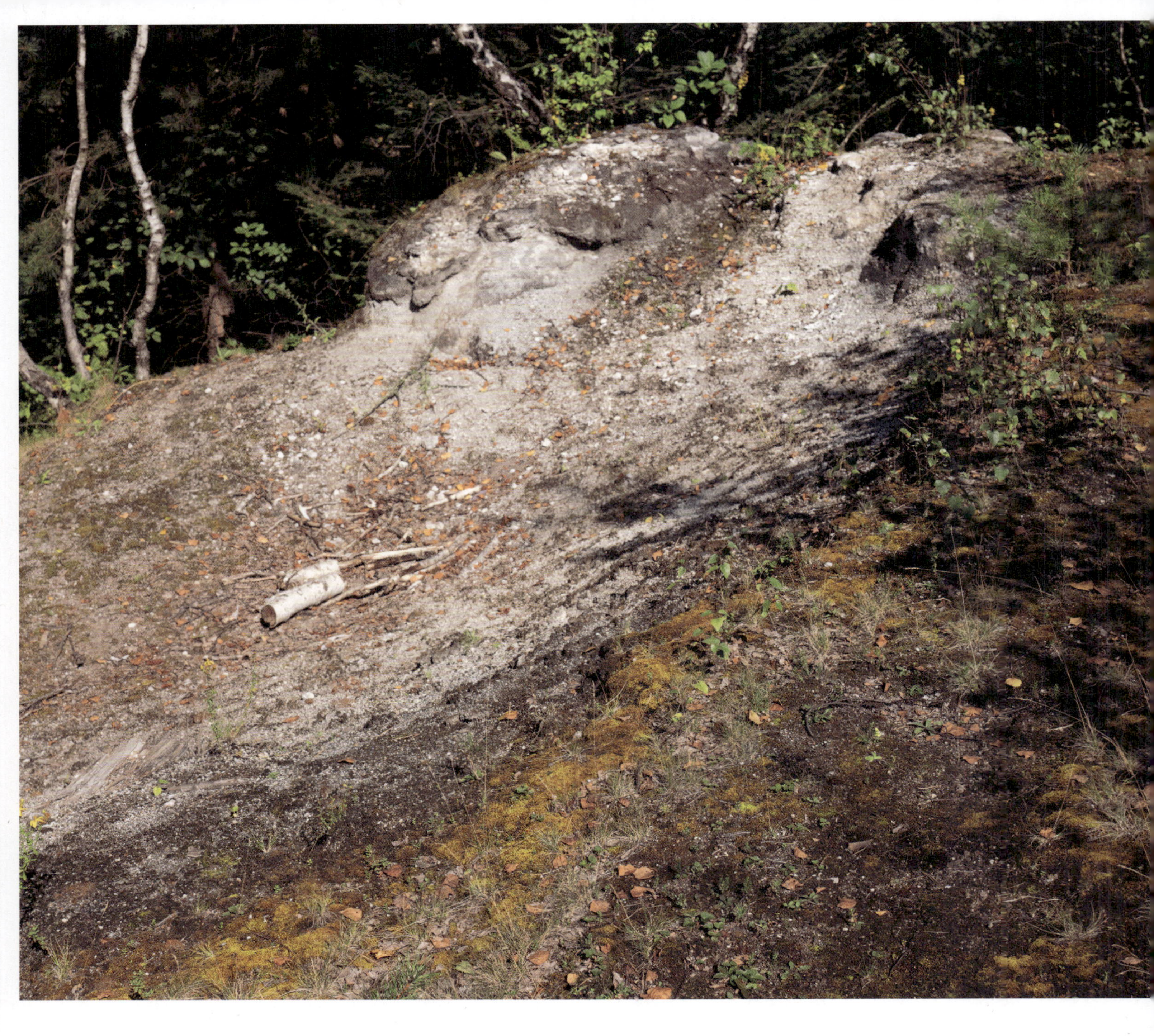

How did
we end up here?